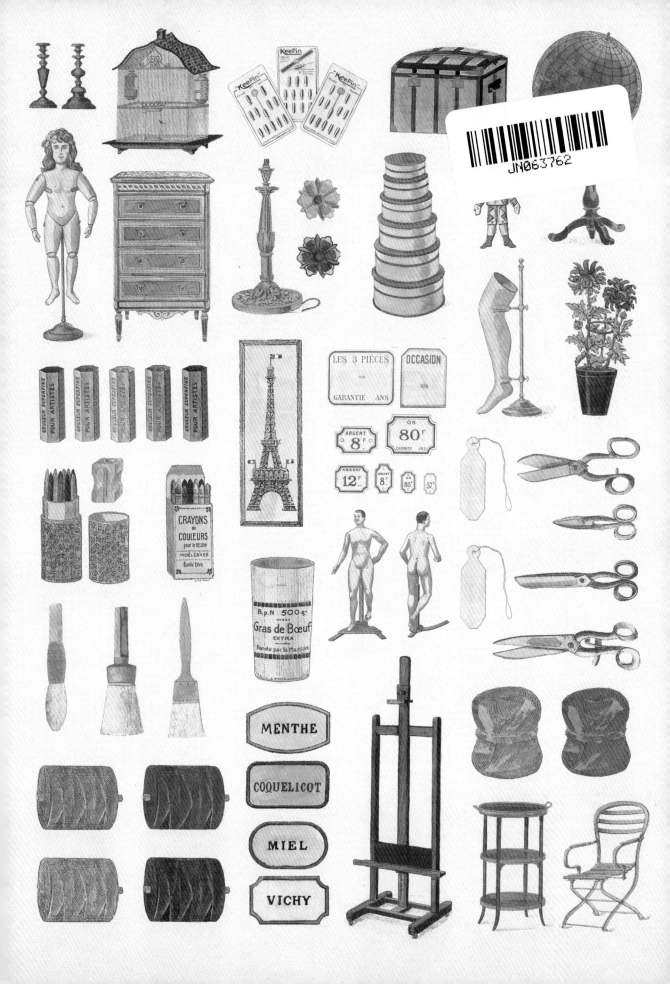

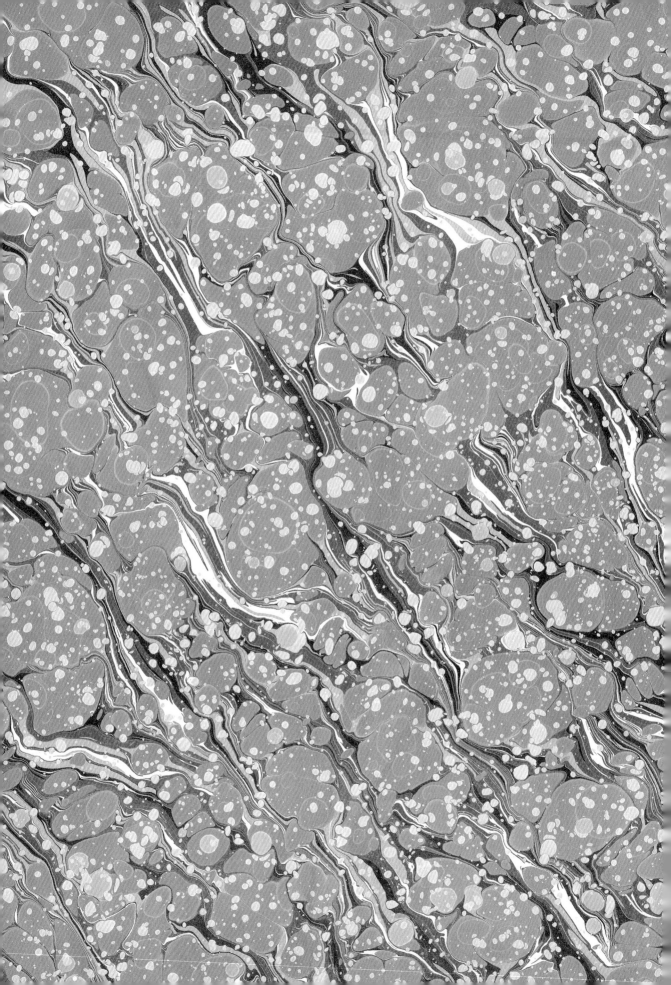

TIMELESS

昔ながらのパリの工房と個人商店

PARIS

Julie Rouart
Editorial Director

Kate Mascaro
Editorial Design

Delphine Montagne
Administration Manager

Gaëlle Lassée
Literary Director
assisted by **Séléna Richez**

Laura Fronty
Text Contribution

Nathalie Sawmy
Proofreading

Romain Chirat - Établissements Studio
Design and Typesetting

Corinne Trovarelli and Élodie Conjat
Fabrication

Les Artisans du Regard
Production

MARIN MONTAGUT

マラン・モンタギュ

TIMELESS PARIS

昔ながらのパリの工房と個人商店

翻訳　加藤かん子

写真　リュドヴィック・バレ、ピエール・ミュゼレック、ロマン・リカール
—
イラスト　マラン・モンタギュ

目 次

マラン・モンタギュ
Marin Montagut（インテリア雑貨店）　PAGE: 06

メゾン・デュ・パステル
La Maison du Pastel
（パステル専門店）　PAGE: 24

パスマントリー・ヴェリエ
Passementerie Verrier
（インテリア用房飾り・組み紐工房）　PAGE: 36

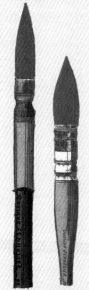

モンマルトル博物館
Musée de Montmartre　PAGE: 62

鉱物博物館
Musée de Minéralogie
（パリ国立高等鉱業学校付属鉱物博物館）　PAGE: 86

ジュソーム書店
Librairie Jousseaume
（古書店）　PAGE: 48

プルサン
Bouclerie Poursin（バックル専門店）　PAGE: 72

デロール
Deyrolle（剥製・標本専門店）　PAGE: 98

ウルトラモッド
Ultramod（手芸用品店）　PAGE: 112

ア・ラ・プロヴィダンス
A la Providence（アンティーク家具用金物屋）　PAGE: 126

フェオ商会
Féau & Cie（アンティーク調装飾パネル店） PAGE: 138

スブリエ
Soubrier
（アンティーク家具専門店） PAGE: 152

イデム・パリ
Idem Paris
（石版画・印刷工房） PAGE: 164

セヌリエ
Sennelier（画材屋） PAGE: 176

グランド・ショミエール芸術学校
Académie de la Grande Chaumière
（美術学校） PAGE: 188

エルボリストリ・ド・ラ・プラス・クリシー
Herboristerie de la Place Clichy
（ハーブ専門店） PAGE: 198

プロデュイ・ダンタン
Produits d'Antan
（インテリアメンテナンス用品専門店） PAGE:212

グレヌトリ・デュ・マルシェ
Graineterie du Marché（乾物屋） PAGE: 220

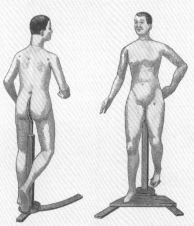

イヴリーヌ・アンティーク
Yveline Antiques（骨董品屋） PAGE: 228

マラン・モンタギュ

MARIN MONTAGUT（インテリア雑貨店）
パリ6区マダム通り48番地

　私はフランスの南西部のトゥールーズで生まれました。両親は骨董商、祖母は画家という環境で育ったおかげで、ものを見る目が養われたと思います。ディテールをおろそかにしてはいけないこと、そしてものにはそれぞれ物語があるということを、自然と学びました。その一方で、私にはどうしても叶えたい密かな夢がありました。それはいつかパリで暮らすという夢です。19歳になってすぐ、私は絵筆と水彩絵具の入った箱と、身の回りのものだけを持って光の都パリにやってきました。

　パリでは、通りの名前が青と緑のエナメルプレートに書かれています。慣れないパリで、私は道を曲がるたびにプレートを確認し、それをひとつひとつ覚えていきました。また同じところに戻ってこれるように。リュクサンブール公園の緑の椅子、セーヌ川に架かる橋、サン＝ジェルマン・デ・プレ教会の鐘塔、エッフェル塔。どこを見ても絵葉書の中の世界にいるようでした。「私の住む場所はパリ以外に考えられない。何があってもパリに住もう。」と心に決めました。それからというもの、私は何年もかけて、この地をすみずみまで歩き回りました。脇道に入ると、表通りからは見えない街の素顔が垣間見えて、そこに何があるのかどうしても知りたくなりました。裏通りの店に入ると、長い年月を偲ばせる工房や商店で、思ってもみないような宝の山ばかり。その場所でで出会った人たちは、何代も前から伝わる職人技を守り、受け継いできた人々でした。

　この夢のような出会いが、この本を作るきっかけになりました。こんなに素晴らしい場所があるのだということを、ぜひみなさんにお伝えしたいと思ったのです。ここで紹介するのは、時代の波に流されることなく、そこだけ時間が止まっているような特別な場所ばかりです。そんな場所を、写真と、私の水彩画とムードボード（訳注：言葉だけでは伝えるのが難しいイメージやアイデアを共有するために、写真やイラスト、色見本、文章などを用いてひとつの画面にまとめたもの）とともに紹介しています。この本を手に取ってくださった方には、その色彩と雰囲気を存分に味わい、職人の手仕事に目を凝らし、めくるめくパリのコレクションの世界を堪能して欲しいと願います。どの場所も「パリの心の故郷」というべきものを、実直に守り続けているところばかりです。ページをめくるたびに、訪れる人もあまりいないひっそりとした博物館や、100年以上も続く工房や個人商店の中に、ふらりと入っていくような気がすることでしょう。

クリシー広場近くのハーブ専門店では、店じゅうに漂う薬草の何とも言えない香りを胸いっぱいに吸い込んでみてください。作家コレットや詩人コクトーの影を求めて、ギャルリー・ヴィヴィエンヌ（訳注：18〜19世紀に建てられ、今もパリ市内に10数カ所残る、パッサージュと呼ばれるガラス天井付きのアーケード街のひとつ）にある古書店の、美しさを感じる本棚の前で夢うつつの時を過ごしたり、モンパルナスの石版画工房や美術学校で、詩人アラゴンや写真家マン・レイ、ピカソたちのいた20世紀初めにタイムスリップするのもいいでしょう。パリでも特に雰囲気のあるフュルステンベルグ広場で、アンティークショップのウインドウを時を忘れて眺めるのも楽しいものです。200年近い歴史を誇る剥製専門店の伝説的なウインドーも、素通りするわけにはいきません。セーヌ川沿いの道を辿ると、エコール・デ・ボザール（国立高等美術学校）のそばには、セザンヌやドガも通った画材屋があります。

　このような昔のパリの面影が残る場所と職人たちに、私は創作意欲をかき立てられました。芸術家と職人が大事にされていた古き良きパリへのオマージュとして、私はパリ6区のマダム通りに自分のブランドショップを開くことにしました。私の大好きな、美しいリュクサンブール公園のすぐそばです。理想の店舗を見つけるのには何カ月もかかりましたが、レトロなウインドウとファサードが目を引く、もとは椅子張り職人の工房だったところを見つけることができました。店舗は全面改装し、内部を3つのコーナーに仕切りました。よろず屋風コーナー、プライベートルーム風コーナー、アトリエ風コーナーの3つです。古いものに対するこだわりから、リノベーションには時間をかけ、もともと工房に使われていた寄木細工の床板とテラコッタタイルを磨き直して再利用しています。店の棚は、南仏の古い食料品店で使われていたものです。

　私はグリーンが好きなので、内装は様々なトーンのグリーンでまとめています。店の奥のアトリエ風コーナーの仕切り壁は、パリのキオスク（訳注：新聞・雑誌などを扱う小型の売店）と同じ深緑色です。床板のきしむ音、古い家具の匂い。ここは居ながらにして、少年時代を過ごした夢の世界を旅するような、そんな場所です。それはまた、幼い私のパリへの憧れを思い出させてくれる場所でもあります。こうして新しく生まれ変わった店舗では、看板にもあるように「ありとあらゆるインテリア雑貨」を扱っています。私が普段の生活にあったらと思うものを水彩絵具で手描きした文房具、テーブルウェア、ボックス、クッション、スカーフなど、それぞれに思いのこめた物語があるものばかりです。「ブックボックス」（訳注：18世紀に流行したブックボックスにヒントを得た、本の形の小物入れ）と「ワンダーウインドウ」（訳注：窓の形に似せた、ガラス張りの木箱に入った絵）をはじめとするモンタギュ・ブランドの商品は、私のモンマルトルのアトリエで作ったものです。店には、旅先で見つけたものもあります。それに私が骨董屋で見つけたものも――と、いうのも、私は幼い頃から親しんできた骨董屋巡りが今でもやめられず、週に一度は骨董屋に行って、年代物の地球儀や、アンティークの薬壺、昆虫標本箱など、すてきな掘り出しものがあると店に置いています。

　マラン・モンタギュ・ショップの宝物が、購入してくださったお客様の大切な思い出になることほど嬉しいことはありません。この本では、この店の他に18カ所の夢のような場所を紹介していますが、そんな場所が実在するとわかれば、これまでとは全く違った目でパリの街を見ていただけるはずです。そして、今度はあなた自身がまだ入ったことのない場所の扉を、勇気を出して開けてみる。そんなきっかけになってくれたらと思います。

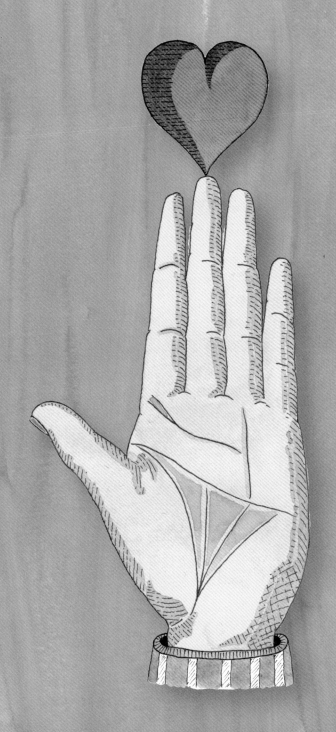

ハンドメイド

№16

MARIN MONTAGUT

MARCHAND D'OBJETS
EN TOUS GENRES

SOUVENIRS DE PARIS
FAITS À LA MAIN

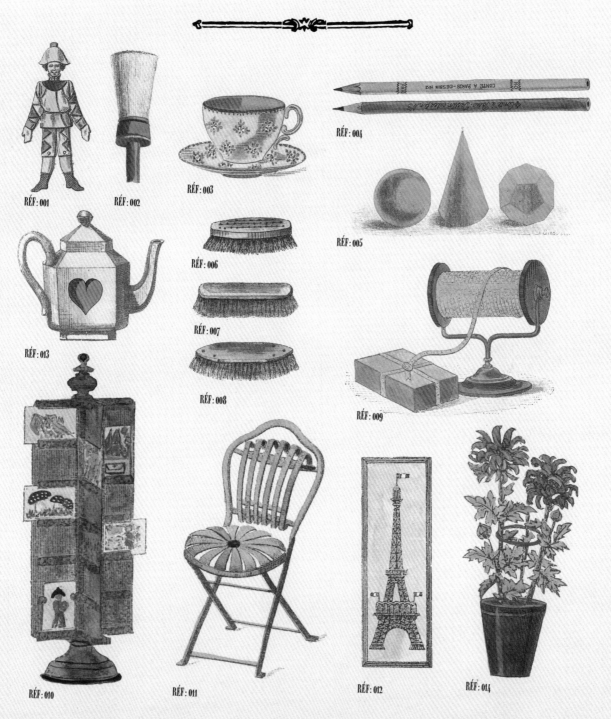

RÉF : 001

RÉF : 002

RÉF : 003

RÉF : 004

RÉF : 005

RÉF : 013

RÉF : 006

RÉF : 007

RÉF : 008

RÉF : 009

RÉF : 010

RÉF : 011

RÉF : 012

RÉF : 014

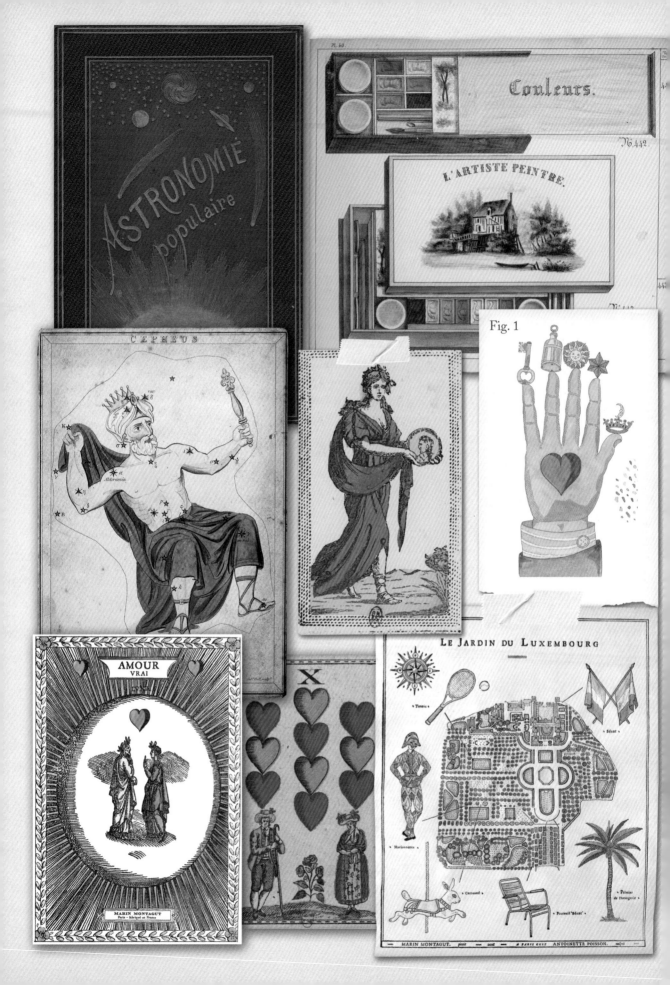

ASTRONOMIE *populaire*

Couleurs.

Pl. 442.

L'ARTISTE PEINTRE.

Fig. 1

CEPHEUS

AMOUR
VRAI

MARIN MONTAGUT
Paris · fabriqué en France

X

LE JARDIN DU LUXEMBOURG

MARIN MONTAGUT   À PARIS CHEZ   ANTOINETTE POISSON.

Fig. 2

Fig. 3

Register.

WS: Grj fol: 25.   *WS: Grj fol: 31.*
WS: Grj fol: 26.   *WS: Grj fol: 32.*
WS: Grj fol: 27.   *WS: Grj fol: 33.*
WS: Grj fol: 28.   *WS: Grj fol: 34.*
WS: Grj fol: 29.   *WS: Grj fol: 35.*
                WS: Grj fol: 36.

6ᵉ Arrᵗ
RUE MADAME

AMOUR
PARIS

MARQUIS DE ROCHEGUDE
PROMENADES
dans TOUTES les
Rues de Paris
PAR ARRONDISSEMENTS
6ᵉ ARRONDISSEMENT

NUIT.

JOUR.

MARIN MONTAGUT
SOUVENIRS
DE PARIS
FAITS
À LA MAIN
MARCHAND
D'OBJETS
EN TOUS
GENRES
À PARIS
48 RUE MADAME

メゾン・デュ・パステル

LA MAISON DU PASTEL（パステル専門店）
パリ3区ランビュトー通り20番地

　通りの喧騒が嘘のようなひっそりとした中庭にある、こぢんまりとした店です。ただ、店の中に一歩足を踏み入れると、時代を超えてパステル作りに情熱を注ぐ一家が守ってきた店だと言うことがよくわかります（訳注：パステルは粉末状の顔料を粘着剤で固めた画材で、素描に用いられる。発色の良さと柔らかさが特徴で、重ね塗りもできるため、フランスの画家たちに好まれた）。薬剤師、生物学者、化学者で、芸術の愛好家でもあったアンリ・ロシェが、18世紀創業の老舗パステル工房の事業を一新し、自ら工房を作ったのは1870年のこと。老舗パステル工房の時代から、カンタン・ド・ラ・トゥールやシャルダン、後にはドガといった錚々たる画家たちがこの店のパステルの愛用者でした。ロシェは科学者としての知見をもとに、パステルの製造方法を見直しました。発色の改良に努め、その商品は画家たちに大変重宝されました。そのノウハウは一族に引き継がれ、今でもロシェ家がオーナーを務めています。

　4代目のイザベル・ロシェは、アメリカ人の同僚で画家でもあるマーガレット・ゼイヤーと共に店を切り盛りし、接客にもあたっています。店は150年前から何も変わっていません。棚には1600色以上のパステルが入った数えきれないほどのケースが並んでいます。ケースのラベルは全て手書きです。「たそがれ時の紫色」のケースの隣には「キジバトの灰色」「赤みのあるこげ茶色」「地衣類色」「アブラムシの緑色」などがあります。色の名前は、それだけで一編の詩のような味わいがあります。

　田舎にある工房でパステルを作るのも、イザベルとマーガレットの仕事です。料理のレシピと同じように、パステル作りにも、時間と、正確に計量した材料と、細心の注意が必要です。まず粉末顔料の重さを量ってから、水と結合材と混ぜます。これを攪拌機でペースト状にし、色の濃淡に合わせて白のペーストを加えます。これを延ばして水分を飛ばした後、手で丸めて、カットして、乾燥させるのですが、パステルには作った人の指の跡が残ります。何十年も前に作られたものでも、パステルに捺されたROCの文字（「ロシェ」を意味する）の脇に残る指の跡から、従兄弟たちやマーガレットの中の誰が作ったものなのか、イザベルにはちゃんとわかるそうです。

花柄のケースに入ったロシェのパステル。
小さな画材だが、150年にわたる専門技術が詰まっている。

rangé clair

orangé brillant

rangé foncé

5271 Vert au Violet

5291 Vert Orangé

5261 Vert au Rouge

e Pise

'Avignon

clair

5391 Vert Algue

5411 Vert doré

5431 Vert Pomme

ngé

dmium

une

e d'Or

e Citron

Canari

LA MAISON DU PASTEL

PARIS

H. ROCHE

PASTELS-ROCHÉ

BOITES COMPOSEES
ET DETAIL

EN VENTE ICI

PASTELS

TENDRES ET DEMI-DURS

A LA GERBE

S. MACLE

PARIS

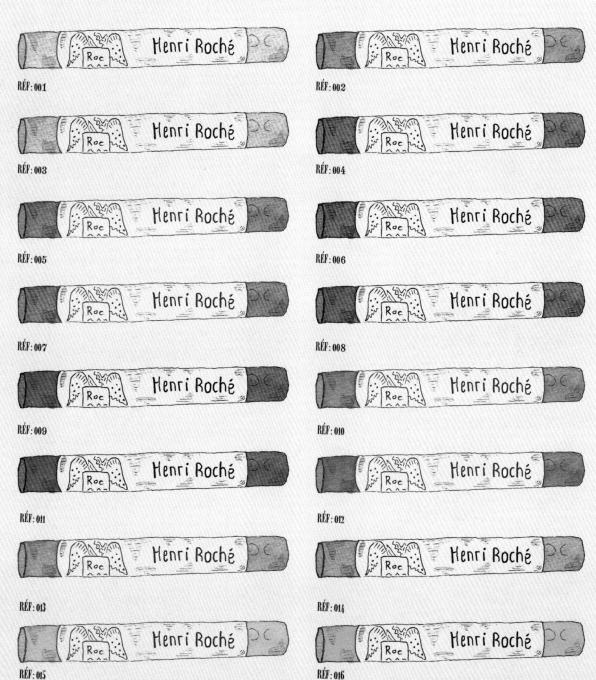

RÉF : 001

RÉF : 002

RÉF : 003

RÉF : 004

RÉF : 005

RÉF : 006

RÉF : 007

RÉF : 008

RÉF : 009

RÉF : 010

RÉF : 011

RÉF : 012

RÉF : 013

RÉF : 014

RÉF : 015

RÉF : 016

N.B — Les teintes marquées d'une Astérisque se font seules en crayons demi-durs.

Fig. 1

パスマントリー・ヴェリエ

PASSEMENTERIE VERRIER（インテリア用房飾り・組み紐工房）
パリ 20 区オルフィラ通り 10 番地

　かつてパリの 20 区には、組み紐や装飾用トリミングを作るパスマントリー工房（訳注：パスマントリーとは、カーテンや布張りの椅子の仕上げに使われる飾り紐や組み紐、裾飾りや縁飾りとして使用されるフリンジやブレードなどの装飾用トリミング 、タッセルと呼ばれる房飾りも含めたアクセサリーの総称）が数多くありました。パスマントリー・ヴェリエは、1901 年以来、ペール＝ラシェーズ墓地近くのオルフィラ通りにあります。絹糸や綿糸、毛糸、金銀の糸をふんだんに使ったあでやかな縁飾りが家具や衣服の一部だった時代。そんなパスマントリーの黄金時代の生き残りがヴェリエです。ここには今でもパスマントリーの技術が生き残っています。

　ヴェリエの古い職人技は、いくつもの時代を乗り越えて、今日まで受け継がれてきました。この広々とした工房で、300 種類以上の組み紐が作られています。工房には、発明家ジャカールの名にちなむ 19 世紀の木製のジャカード織機が 20 台ありますが、この伝統的な機械は、パンチカードを使ってデザインを織り込みます。工房の織機はいまだに現役で、その糸運びの正確さは驚くほどです。

　組み紐以外のものは全て手作業で作られています。作業工程の違いによって編み上げ工や仕上げ工と呼ばれる熟練職人たちは、色とりどりの糸の入った箱に手を伸ばしたかと思うと、巧みな指捌きで、またたく間に留め飾りや紐、花結び、フリンジ付きの丸飾りを作っていきます。こうして作られたパスマントリーは、ベッドにある布張りのヘッドボード部分や厚手のカーテン、クッションなどの装飾に使われます。2018 年、アンヌ・アンクタンがヴェリエの新オーナーになりました。伝統的なデザインの注文に応じるのはもちろん、新たなデザインの創作パスマントリーにも積極的です。現代のインテリアデコレーターたちは、伝統的な素材ではなく、木や革、ガラス、羽などを使ったモダンなデザインのパスマントリーを求めてこの店に集まります。

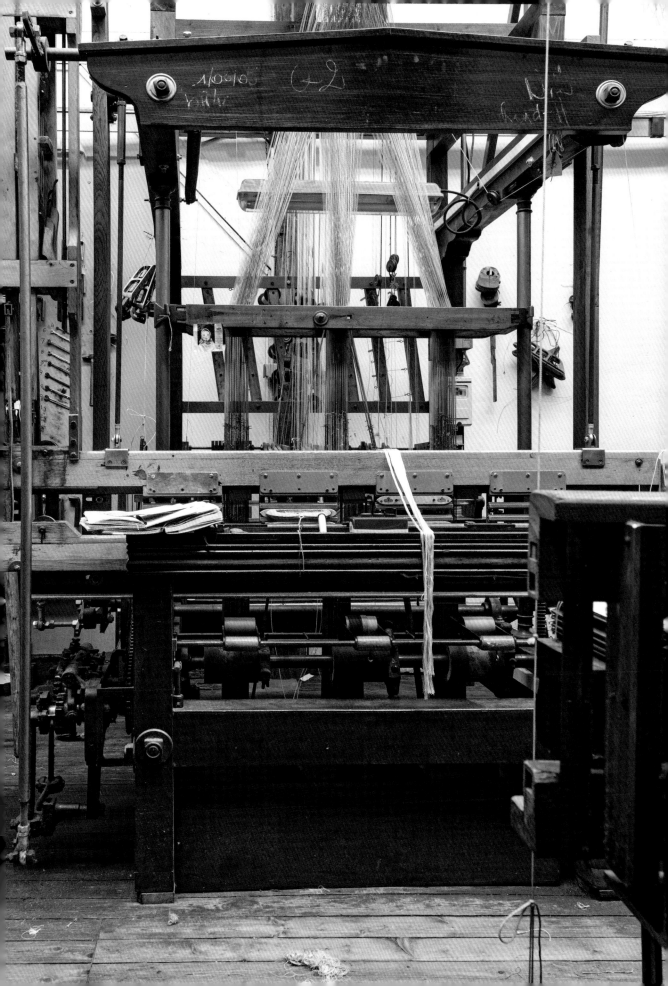

FABRIQUE DE PASSEMENTERIE D'AMEUBLEMENT

G. L. VERRIER FRERES & Cie

Société à Responsabilité Limitée au Capital de 10.000 Frs

10, Rue Orfila - PARIS-XXe

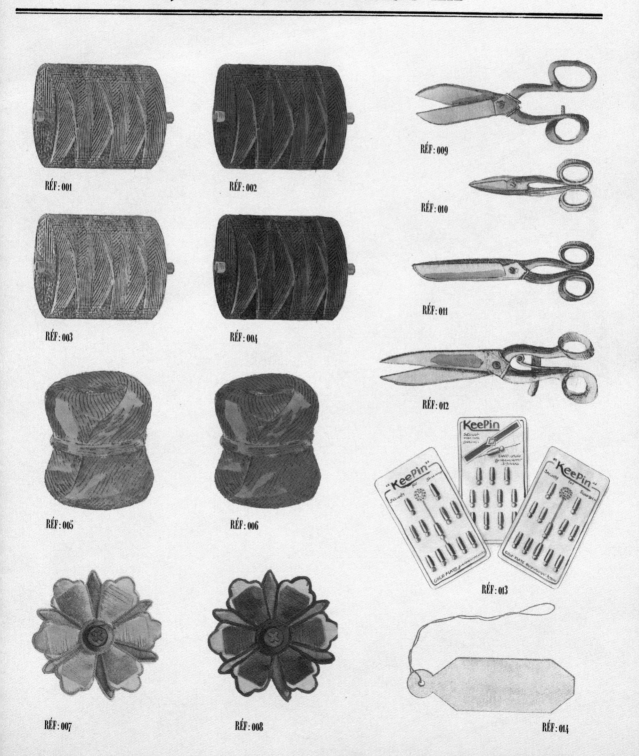

RÉF: 001

RÉF: 002

RÉF: 009

RÉF: 010

RÉF: 003

RÉF: 004

RÉF: 011

RÉF: 012

RÉF: 005

RÉF: 006

RÉF: 013

RÉF: 007

RÉF: 008

RÉF: 014

Fig. 1

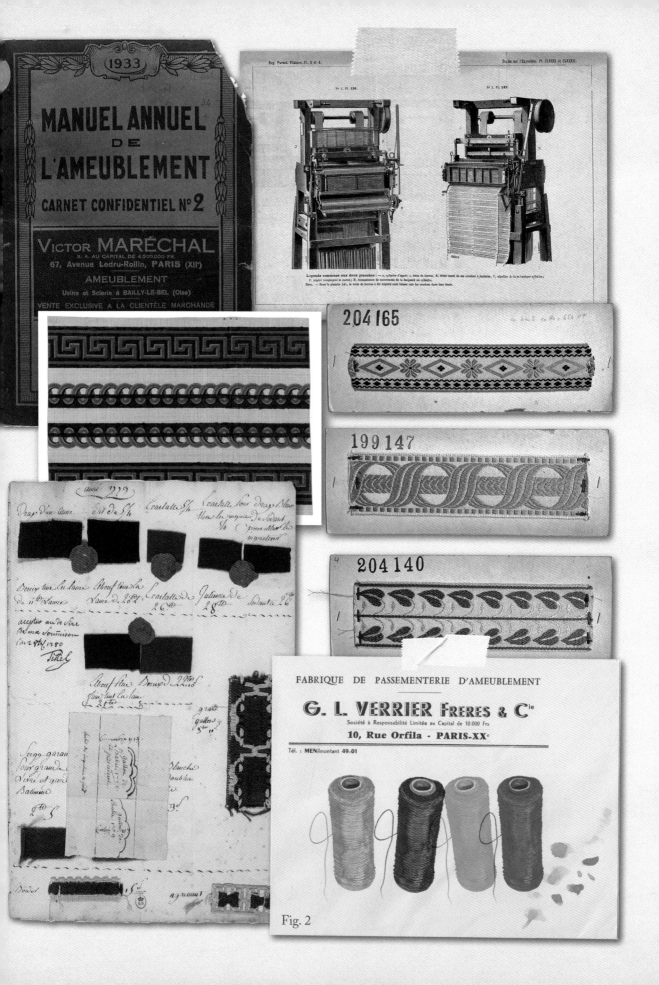

Fig. 2

モンマルトル博物館

MUSÉE DE MONTMARTRE
パリ 18 区コルト通り 12 番地

　モンマルトル博物館があるのは、石畳の道が行きどまりになっているコルト通りの 12 番地です。この小高い丘の一帯が、風車や柳の木、畑、葡萄園などが数多くあった時代を彷彿とさせます。丘の斜面に広がるのどかな雰囲気は、19 世紀の末から 20 世紀前半にかけて多くの画家に愛され、ルノワールをはじめとして画家たちが次々とこの地に越してきました。1912 年から 1926 年まで、シュザンヌ・ヴァラドンと息子のモーリス・ユトリロ、ヴァラドンの夫アンドレ・ユッテルの 3 人は、そんなコルト通り 12 番地で暮らしていました。

　美人で、何ものにもしばられないヴァラドンは、少し変わった経歴の画家です。サーカスで曲芸師をしていたのが、やがて画家のモデルをするようになり、アトリエに出入りするうちに絵の描き方を学んだのです。ピュヴィス・ド・シャヴァンヌ、トゥールーズ＝ロートレック、ルノワールらがこぞって彼女をモデルにしました。セザンヌとドガの強いすすめで、自分でも絵を描くようになり、風景や静物画、花束、女性の裸体を画題とした作品で高い評価を受けました。

　博物館の上の階には、花柄の壁紙が貼られたヴァラドンのささやかな住まいと、アトリエがあります。デザイナーで空間演出家のユベール・ル・ガルは、ヴァラドンの作品と当時の写真を手がかりに、部屋の様子を見事に再現しています。床板がきしみ、テレビン油の匂いがこもる部屋では、ユッテルとユトリロのかたわらで、ヴァラドンが絵を描いている様子が目に浮かんでくるようです。ロフトに積まれたイーゼルと額縁がより一層その光景を連想させます。フランスの老舗ゴダンの小さな薪ストーブが、少しでも寒さを和らげることができたのでしょうか。アトリエの大きな窓からの眺めは素晴らしいですが、冬の寒さは身にしみるほどだったはずです。

　博物館の 1 階には、企画展の展示の他、カフェ・ルノワールがあります。ここの高台にある庭からは、モンマルトルの葡萄畑とパリが一望できます。

　春から夏にかけては、庭の小さな池には睡蓮が咲き、アーチの下はバラの香りに包まれます。

シュザンヌ・ヴァラドンは、まだプロの画家となる女性が
ほとんどいなかった時代に活躍した先駆者だった。肖像画、風景画の他、
花を描いた静物画が有名。
花瓶に挿した色とりどりの花を描いたこの作品はその一例。

イーゼル

19世紀までは、画家は風景や自然の情景をアトリエで描いていた。
1857年頃から、持ち歩きのできる折りたたみ式のイーゼルが
普及したおかげで、画家は屋外で絵を描くことができるようになった。
これを最大限に活かしたのが印象派だ。

空間デザイナーのユベール・ル・ガルは20世紀初めのパリのアトリエ独特の
雰囲気を再現するため、使いこまれた骨董品を集めて、部屋を一から作りなおした。
モンマルトルの風景はモーリス・ユトリロの作品。

MATÉRIEL POUR ARTISTES

COULEURS EXTRA-FINES EN TUBES BROYÉES À L'HUILE

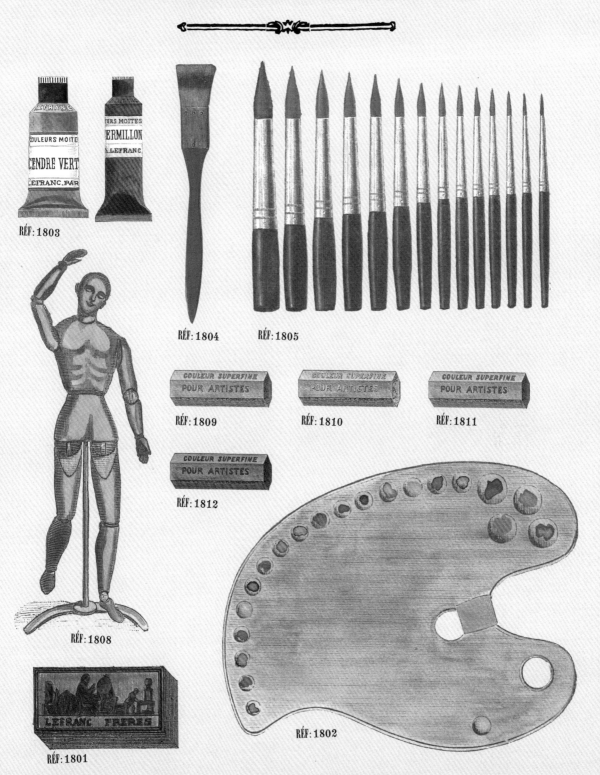

RÉF: 1803

RÉF: 1804

RÉF: 1805

RÉF: 1809

RÉF: 1810

RÉF: 1811

RÉF: 1812

RÉF: 1808

RÉF: 1801

RÉF: 1802

POUR LES DIMENSIONS ET LES QUALITÉS DIVERSES DES ARTICLES FIGURANT À CE CATALOGUE CONSULTER LE TARIF CI-JOINT.

Fig. 1

GEORGES MONTORGUEIL

La Vie
à Montmartre

ILLUSTRATIONS DE

PIERRE VIDAL

鉱 物 博 物 館

MUSÉE DE MINÉRALOGIE（パリ国立高等鉱業学校付属鉱物博物館）
パリ6区サン＝ミシェル大通り60番地

　ここはまさに知る人ぞ知る、時間を超越した秘密の場所です。1794年創立の鉱物博物館は、もともと鉱物学を学ぶ学生と研究者のための学術施設でした。広壮なヴァンドーム館の一角にあり、長さ80メートルに及ぶ展示室に並ぶ鉱物のコレクションは圧巻の一言です。展示室の窓からは隣のリュクサンブール公園が見えます。

　ガラスの陳列ケースには、地底最深部の鉱石から地球外鉱物の隕石まで、数千もの鉱物標本が並んでいます。エメラルドやトパーズ、アメジストなど、フランス歴代国王の王冠を彩った宝石も展示されています。それほどきらびやかではなくても、見ているだけでわくわくするような鉱物もたくさんあります。先史時代の彫刻のようであったり、抽象画のように見えるものも。あるいは星や木のような形をしているものもあります。

　芸術と科学のための博物館のように思えますが、最先端の実用分野でも大いに役立っています。展示室の引き出しには10万点近い標本があり、これらは全て研究者に公開されています。フランス国立科学研究センター（CNRS）の惑星地質学研究員のヴィオレーヌ・ソテールは、アメリカNASAの火星探査車「マーズ2020」搭載のレーザー装置開発のベースとなった鉱物資料を閲覧するために、この博物館に来ました。ここを訪れる見学者は、穏やかで揺るぎのない世界とはどういうものかを、目の当たりにします。鉱物は、空気と水が地上に現れるより遥か昔、地球が誕生したときから存在しているのですから。

鉱物博物館のエントランスホールには、
コレクションの中でも最も注目すべき標本がいくつも並ぶ。
ここは奇妙で心ときめく魔法の空間だ。

LE MONT-BLANC vu du GRAMONT

MUSÉE DE MINÉRALOGIE

CURIOSITÉS MINÉRALES

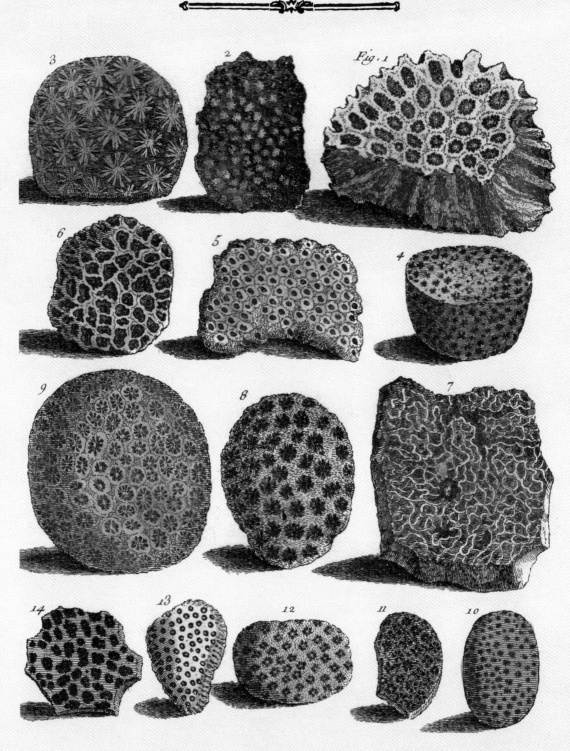

Fig. 1

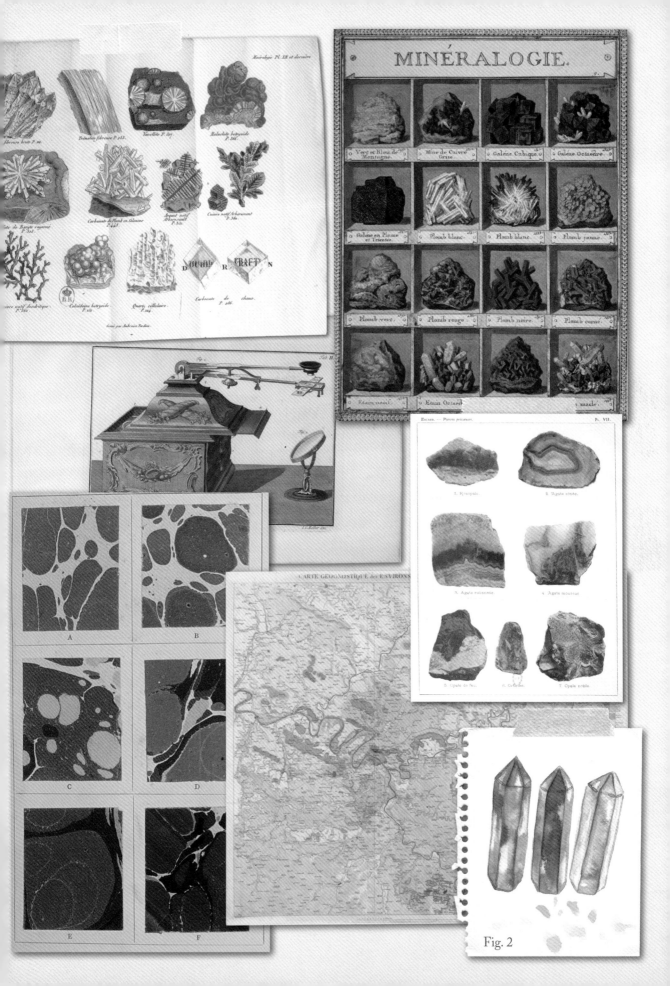

Fig. 2

ジュソーム書店

LIBRAIRIE JOUSSEAUME（古書店）
パリ 2 区ギャルリー・ヴィヴィエンヌ 45-47 番地

　新古典主義様式の装飾に、モザイクタイルの床、ドーム型の天窓、自然光が降り注ぐガラス張りの屋根——当時の流行と最新技術の粋（すい）を集めたギャルリー・ヴィヴィエンヌが 1826 年にオープンしたとき、パリで一番美しいアーケード街と評判になったのも無理はありません。

　オープン当初、今の場所にあったのは、プティ＝シルーという書店で、その名前は今でもウインドウの上に残っています。アーケードの中の短い階段を下りたところにある店は、通路をはさんで 2 カ所に分かれており、当時からこのアーケード街の顔というべき存在でした。現在の店主フランソワ・ジュソームの曾祖父が、1890 年にこの店のオーナーになりました。正真正銘の「愛書家」であるフランソワは、この仕事を天職だと思っています。彼にとってこの店は子どもの頃から慣れ親しんだ場所ですが、フランス国立図書館やパレ・ロワイヤル（訳注：旧王宮で、現在はフランス文化省などの政府機関の他、ブティックや画廊、カフェ、劇場コメディー・フランセーズなどが入っている）、グラン・ブールヴァール（訳注：数本の大通り沿いにデパート、オペラ座をはじめとする劇場、映画館、博物館、ショップ、カフェ、レストラン、ナイトクラブなどが並ぶ繁華街）などの名所にも近い、歴史の香りを感じる場所でもあります。

　「ひと昔前までここはセーヌ川右岸を代表する文化的エリアでね、当時はどこのアーケード街もそうだったけど、出版社や、木版屋に印刷屋、それにうちみたいな本屋がたくさんあったんだよ。コレットとコクトーはこの近所に住んでいたから、よく一緒に来て店をのぞいていったらしいよ」とフランソワは昔話をしてくれます。店の棚には稀覯本（きこうぼん）から近刊書まで何千冊という古本が並び、自然科学、社会学、美術史、小説、詩集と幅広いジャンルが揃っています。アジアに関心のあるフランソワのおすすめはラフカディオ・ハーン（小泉八雲）です。ギリシャとアイルランドの血を引くハーンは、波乱万丈の人生を送り、日本に移り住んでからは、日本の伝承を取材した著書を残しました。冒険物が好きだと言う人には、船乗りの作家ジョゼフ・コンラッドがおすすめだとか。代表作『ロード・ジム』がよく知られています。本好きの方なら、アーケードの両サイドの店舗を行き来するだけでなく、せっかくなら中 2 階へと続くらせん階段を上がって、貴重なペーパーバックのコレクションを見に行ってください。1953 年にスタートしたアシェット社のペーパーバック・シリーズの記念すべき第 1 冊『ケエニクスマルク』（訳注：人気作家ピエール・ブノワが 1918 年に書いた冒険恋愛小説）も当時のカバーのまま残っています。

本

もしきみが幸運にも青年時代にパリに住んだとすれば
きみが残りの人生をどこで過ごそうともパリはきみについてまわる
なぜならパリは移動祝祭日だからだ
アーネスト・ヘミングウェイ
（『移動祝祭日』福田陸太郎訳、岩波書店、1990年）

ARTICLES POUR LIBRAIRIE
JOUSSEAUME

QUALITE EXTRA

		la douz.					la douz.
Nos 000	diam. 16 m/m.	5 50		Nos 2	diam. 24 m/m..	10 50
00	— 18	. 6 »		3	— 26	... 13 »
0	— 20	. 8 »		4	— 28	... 15 »
1	— 22	. 9 50		5	— 30	... 19 »

LIBRAIRIE MELET & C ie
44-45-46-47, Galerie Vivienne -- PARIS (2e Arrondt)
Reg. du Commerce n° 25680 Seine   Compte Postal 140.000 Paris
Téléphone : Gutenberg 72-64

DU MONDE ENTIER

ERNEST HEMINGWAY

Paris
est une fête

TRADUIT DE L'ANGLAIS
PAR MARC SAPORTA

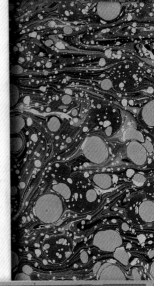

Fig. 1

Fig. 2

プルサン

BOUCLERIE POURSIN（バックル専門店）
パリ 10 区ヴィネグリエ通り 35 番地

　バックル専門店のプルサンは、伝統工芸を今に伝える「人間国宝」級の職人がいる工房です。1830 年に創業し、1890 年にヴィネグリエ通りに移ってからというもの、かれこれ 100 年以上同じ場所で商売を続けてきたプルサンは、パリのバックル専門店としては最古の店です。

　当初は、馬具の金属部品を作っていました。フランス国王の衛兵隊から、ナポレオンの皇帝近衛隊、現在のフランス共和国親衛隊まで、歴代の大口顧客とのつきあいを物語る資料がショーケースにショーケースの中に丁重に飾られています。自動車の時代になると、皮革製品全般の金属部品に主力を移しました。共和国親衛隊やソーミュール乗馬学校、馬の育成牧場、各国王室などの重要顧客からの注文には引き続き応じる一方、ここ数十年はシャネルやエルメス、ルイ・ヴィトンなどの一流ブランドにも納品しています。

　本物の高級品というものは、ディテールに違いが出るものですが、プルサンの看板商品の真鍮（しんちゅう）製バックルは、ベルト穴に差し込む留め金のカッティングが、まさに職人技。「プルサンのバックルは、革を傷つけず、そっと抱きしめるように固定するんです」と社長のカール・ルメールは胸を張ります。2016 年、ルメールは倒産の瀬戸際にあったプルサンの経営に乗り出しました。職人技とフランスの伝統を愛するルメールは以前、1828 年創業の伝説的金属部品メーカー、ドーデを倒産から救った実績もあります。

　プルサンの工房には、いかつい刻印機と古い鋳型がそのまま残されています。鋳型がずらりと並ぶ壁は、歴史の重みを実感させます。19 世紀後半にまでさかのぼるカタログには、6万点以上の部品が並び、職人技が時代を超えて受け継がれてきたことがよくわかります。ルメールが言うように「プルサンでは、過去も現在もひと続き」なのです。制作手順の全てにおいて、昔と同じ手法が守られています。古い機械で真鍮のワイヤーをカットしてから曲げるのも、その後に、手作業で行う接合と研磨も、昔から何も変わりません。1830 年の創業時から使われている棚の中には、驚くほど古い部品も入っています。往時のパリにふっとタイムスリップしたような気になる場所です。

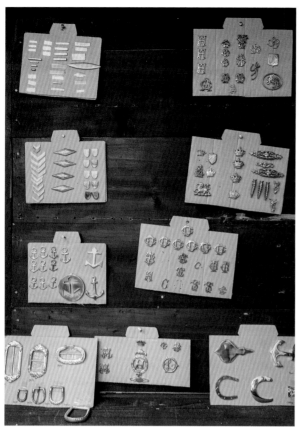

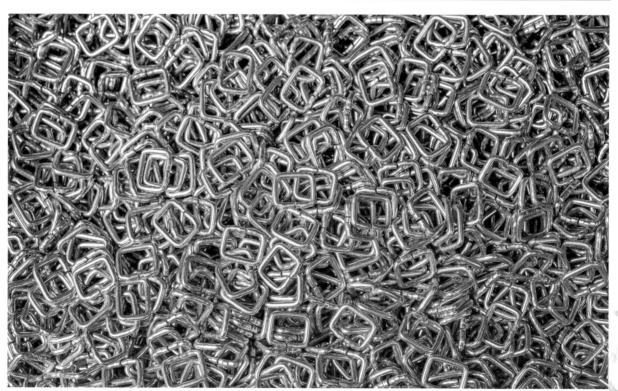

工房の機械は1日に30万個の部品を製造する。
箱の中にうず高く積まれた真鍮のバックルの枠はこの後、
組み立てられるのを待っている。

TOUTE LA BOUCLERIE et la CUIVRERIE

S. POURSIN

35, Rue des Vinaigriers _ PARIS (xᵉ) _ Nord: 17-07

RÉF: 001

RÉF: 002

RÉF: 003

RÉF: 004

RÉF: 005

RÉF: 007

RÉF: 006

RÉF: 008

Plus de cent années de Technique ... et de belle fabrication

MANUFACTURE DE BOUCLERIES
POUR HARNACHEMENTS

CUIVRERIE, NICKEL & PLAQUE-ARGENT
POUR
SELLERIE

GARNITURES POUR HARNAIS
à tous genres et de tops modèles

CHIFFRES & ORNEMENTS
COCARDES, CONTOURS, ETC.

E. DAVID & POURSIN, 35, Rue des Vinaigriers, PARIS

TÉLÉPHONE 259-47

LA SELLE

Selle à la Royale   Selle à Piquer

Selle Angloise   Selle Rase

Arçons

Caveçon   Caveçon
de Cuir   de Fer

THE
HORSE OWNER'S
FRIEND
BY
L. R. HERRICK,
NEW YORK.

PAROLE.
THE GREAT AMERICAN RUNNING HORSE.

All the Remedies described in this book are for sale by

J. C. KUYKENDAL,
APOTHECARY,
YORKVILLE, S. C.

639/25   273/25   503/25

631/25   249/20   618

et trois boucles
à gainer

KRONEN. I.

Fig. 1

M·M

Edward the Confessor.   Edward the Confessor.

Henry II.   John.   Henry III.

Edward II.   Richard II.   Henry IV.

Henry V.   Henry VII.   Charles II.

CROWNS OF THE KINGS OF ENGLAND.

"Long to rein over us!"

Tho' he's kicking o'er the trace,
Smites the wheeler in the face,
Short his pranks will be;
For such hands the reins as hold–
Little, pretty, firm and bold–
Rule even you and me!

Side-ways
Hind-ways,
graceful form.

Fig. 2

PLANCHE XV

Fig. 2.

RACES. — 1. CHEVAL ARABE — 2. CHEVAL ANGLO-NORMAND
Publié par J.B. Baillière & fils à Paris

デロール

DEYROLLE（剥製・標本専門店）
パリ 7 区バック通り 46 番地

　デロールは、世界でも例を見ない不思議な博物館のようなところです。ロバがメスライオンを口説いていたり、シロクマの前でシロクジャクがポーズを取っているようなところが、パリの他にどこにあると思いますか？　つりがね型のガラスケースには、ブラジルの青い蝶が華麗に羽を広げ、オマールエビとクモガニは現代彫刻さながらの奇抜な姿を見せています。ショーケースに整然と並べられたコガネムシは金やブロンズやエメラルドの輝きを帯び、まるで宝石のようです。

　1831 年創業のデロールは、もともと剥製技術の専門店で、剥製や標本を作るのに必要な道具を売っていました。バック通りの今の建物に移転したのは 1888 年のことです。デロールは、剥製と標本の展示販売の他、動植物をテーマにした図版入りボード（訳注：教室などの壁にかけることのできる補助教材ボード）や、書籍の出版を通して教育事業にも取り組んできました。18 世紀の木製パネルに囲まれた店内にある見事なコレクションを目当てに、昆虫学者や学生はもちろん、世界中から多くの人々が訪れます。2001 年、世界にその名を知られたデロールは、起業家のルイ＝アルベール・ド・ブロイをオーナーに迎えました。2007 年、ド・ブロイは「未来に向けてのデロール」プロジェクトを立ち上げました。デロールの教育的役割をさらに明確にし、その対象を児童に限らず一般にも広げ、環境保護を目的とした様々な企画に沿った図版入りボードを作っています。

　2008 年のある朝早く、店内で火事があり、昆虫の展示室と昆虫標本の 90% が焼失するという悲運に見舞われました。有名ブランドやアーティストたちの協力のもと、コラボ商品の販売や作品のオークションが行われ、その売り上げは、店舗の修復、標本の補充、年代物の図版入りボードの複製に充てられました。今日、デロールは見事に復活を遂げ、今なおファンを増やし続けています。

色も形も様々な世界中の生き物や自然物と出会う
魔法の場所。

剥製術

剥製師の腕の見せどころは、
まるでその動物が生きているかのように見せることだ。
熟練の剥製師の手にかかれば、
動物は息を吹きかえしたかのように見える。デロールでは、
剥製にするために動物を殺すことはない。
自然死した動物だけを引きとって剥製にしている。

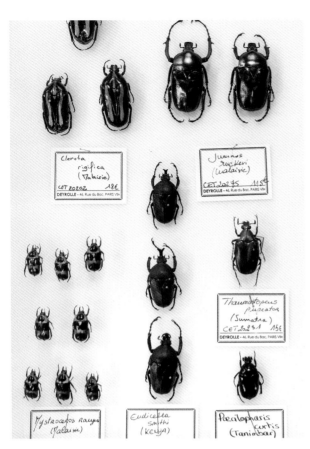

INSTRUMENTS POUR LES SCIENCES NATURELLES
LES FILS D'ÉMILE DEYROLLE
46, RUE DU BAC - PARIS 7ᴱ

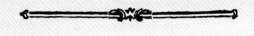

Le Scar. Couronné

Fig. 6.

Le Scar. Brun.

Fig. 7.

Fig. 8.

Le Scarabé Disparate.

Fig. 5.

Le Scar. Laboureur

Le Scarabé Typhée.

Le Scar. Momus.

Fig. 8 bis.

A

Fig. 9.

B

Fig. 10.

Le Scar. Syclope.

Le Scar. Coryphée.

Le Scar. Quadridenté.

Le Scar. Lazare.

Fig. 11.

Fig. 12.

Fig. 13.

Fig. 13 bis.

Fig. 14.

Le S. Mobilicorne.

Fig. 15.

Le Scar. Stercoraire.

Fig. 16.

a

b

b

c

c

c

Fig. 15 bis.

f

f

d

e

e

Le Scarabé Printanier.

A

B

Fig. 18.

f

f

Fig. 17.

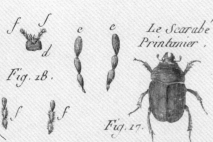

Psittacus.
Perroquet vert.

...NAIRE

...RELLES,

...IENS ÊTRES DE LA NATURE
...D'APRÈS L'ÉTAT ACTUEL D...
...IVEMENT A L'UTILITÉ QU'E...
..., L'AGRICULTURE, LE COMMERC...

SUIVI D'UNE BIOGRAPHIE DES PLUS CÉLÈBRES...
...TES.

... commercans...
...i ont intérêt...
...res génériqu...
...eurs usages.

...s principales...

...iteur.

...° 8.

Pl. 120.

Fig. 2
Le Figuier bleu.

Fig. 1.re
La Fauvette verte.

Fig. 3.
Le Figuier à tête cendrée.

Fig. 4.
Le Figuier tacheté de jaune.

Histoire Naturelle, Ornithologie.

MUSÉE SCOLAIRE DEYROLLE

HISTOIRE NATURELLE
DE LA
FRANCE

7e PARTIE

MOLLUSQUES
(BIVALVES)
TUNICIERS, BRYOZOAIRES
AVEC 18 PLANCHES
PAR
ALBERT GRANGER
MEMBRE DE LA SOCIÉTÉ LINNÉENNE DE BORDEAUX

Fig. 1

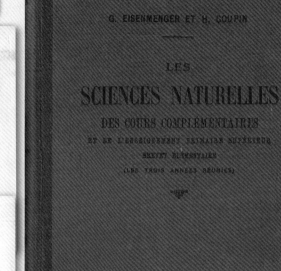

G. EISENMENGER ET H. COUPIN

LES

SCIENCES NATURELLES

DES COURS COMPLÉMENTAIRES

ET DE L'ENSEIGNEMENT PRIMAIRE SUPÉRIEUR

BREVET ÉLÉMENTAIRE

(LES TROIS ANNÉES RÉUNIES)

PARIS

Pl. 57.

Fig. 2. L'Elan.

Fig. 1re.
Le Pygargue

Fig. 4. La Biche.

Fig. 3. Le Cerf.

Histoire Naturelle, Quadrupèdes.

Fig. 2

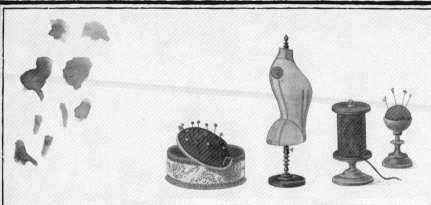

ウルトラモッド

ULTRAMOD（手芸用品店）
パリ2区ショワズル通り4番地

　200年近い歴史を誇るウルトラモッドが、パレ・ロワイヤルのエリアにあるのは、けして偶然ではありません。その昔、ここ一帯は帽子メーカーが多く集まるエリアでした。1832年、婦人用の帽子メーカーとしてこの地で出発したウルトラモッドは、その後、小間物店として、裁縫や刺繍に必要な手芸用品の販売も始めました。財務分野でキャリアを積んだジャン=フランソワ・モランが、1990年代にウルトラモッドの手芸用品部門の、続いて婦人帽製造部門のオーナーになりました。モランはこの歴史ある店にすっかり惚れこみ、古い在庫も全て引きとることにしました。リボン、糸、フェルト、ヴェール、トリム（訳注：カーテンやクッションなどの裾や縁に縫いつけて飾るためのアクセサリー）、ボタン、レースと、ありとあらゆる種類と年代をカバーする在庫の中には、驚きのヴィンテージ・コレクションもあります。今、同じものを作ろうにも、20世紀末までにその技術が失われてしまっているものばかりです。

　店は現在、道路をはさんで向かいあわせの2店舗に分かれています。ひとつは手芸用品全般、もうひとつは帽子とインテリアの材料を扱っています。広い方の店が手芸用品の店ですが、ここは創業当時から内装は変わっておらず、手芸用品の聖地として、様々な人を魅了し続けています。天井まで届く高い棚、店の奥まで続く長いカウンター、年代物の引き出し。カルティエ=ブレッソンと書かれた木製のショーケースがありますが、これは今はもう操業していない製糸メーカーで、有名な写真家のアンリ・カルティエ=ブレッソンの実家にあたります。店にあるものひとつひとつが、時間を超えたこの場所の独特な雰囲気を守っているかのようです。

　シルクヴェルベットのリボン、ウサギの毛から作ったフェルト（訳注：通常のフェルトはヒツジやラクダの毛から作られる）、最高級のヴェール、何を買いに来たとしても、店の歴史とともに増え続けてきた在庫の、目もくらむばかりの豊かさには、誰しもが驚かされるに違いありません。ボタンひとつをとっても、ありとあらゆる色と素材があり、その数は3万から4万にもなるそうです。その他、グログランリボン（平織りのリボン）、リボン、トリム、絹糸、木綿糸、とおびただしい種類の材料が、その色と形ごとに並んでいる様子は、訪れる人を静かに圧倒します。

TOUT POUR LA ❋

Ultramod
MERCERIE
•
Ouvert
du Lundi au Vendredi
de 10 h à 18 h

Mercerie
Traditionnelle
Rubans Anciens
Passementerie
Boutons

MERCERIE

色とりどりの糸

フランス語では、糸を巻きつける糸巻きを âme（魂）と呼ぶ。
糸巻きは古代から使われており、昔は木製だったが、
今は厚紙かプラスチックで作られている。
糸巻きの中心部は空洞になっているので、
ミシンの糸立て棒に差し込んで使うことができる。

MERCERIE
— ULTRAMOD —
BOUTONS EN TOUT GENRE
FILS DE SOIE À COUDRE

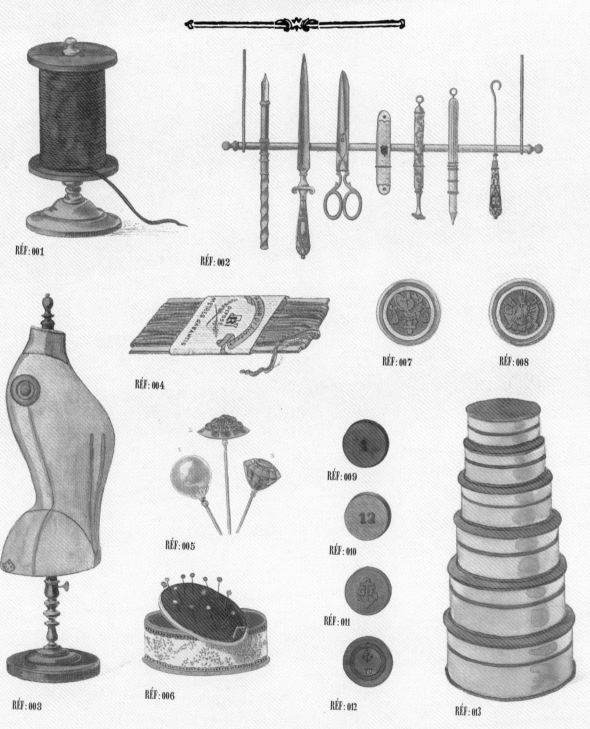

RÉF: 001

RÉF: 002

RÉF: 004

RÉF: 007

RÉF: 008

RÉF: 005

RÉF: 009

RÉF: 010

RÉF: 011

RÉF: 003

RÉF: 006

RÉF: 012

RÉF: 013

4, RUE DE CHOISEUL, PARIS 2ᴱ

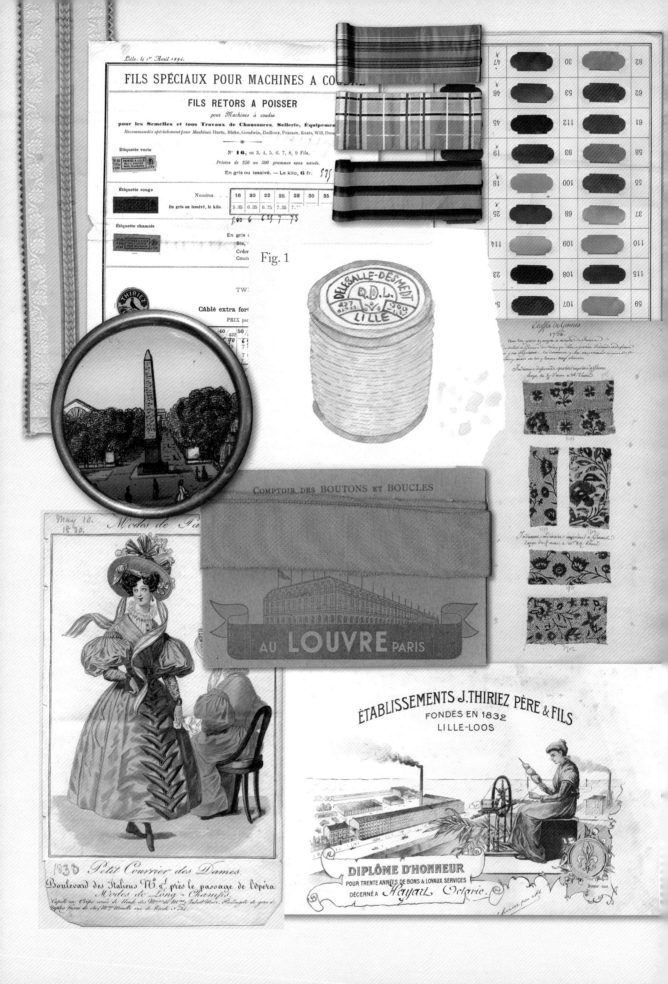

Fig. 1

Lille, le 1er Avril 1894.

FILS SPÉCIAUX POUR MACHINES A COUDRE

FILS RETORS A POISSER

pour Machines à coudre

pour les Semelles et tous Travaux de Chaussures, Sellerie, Équipement

Recommandés spécialement pour Machines Hurtu, Blake, Goodwin, Dailloux, Pearson, Keats, Will, Dros

Étiquette verte
N° 16, en 3, 4, 5, 6, 7, 8, 9 Fils.
Pelotes de 250 ou 500 grammes sans nœuds.
En gris ou lessivé. — Le kilo, 6 fr.

Étiquette rouge

Numéros.	16	20	22	25	28	30	35
En gris ou lessivé, le kilo.	5.35	6.35	6.75	7.35	7.		

Étiquette chamois

En gris
Bis,
Crêm
Coul

TW

Câblé extra fort

PRIX pa

COMPTOIR DES BOUTONS ET BOUCLES

AU **LOUVRE** PARIS

May 10. Modes de Pa
1830

1830 Petit Courrier des Dames.
Boulevard des Italiens N° 4, près le passage de l'Opéra.
Modes de Long-Champs.
Capote en Crêpe ornée de blonde des M°° M™ Aubert Mar, Redingote de gros d
Capotes faites de chez M™ Minette rue de Rivoli N° 24

ÉTABLISSEMENTS J. THIRIEZ PÈRE & FILS
FONDÉS EN 1832
LILLE-LOOS

DIPLÔME D'HONNEUR
POUR TRENTE ANNÉES DE BONS & LOYAUX SERVICES
DÉCERNÉ A Mayart Octavie.

Étoffes de Gênnes
1756.

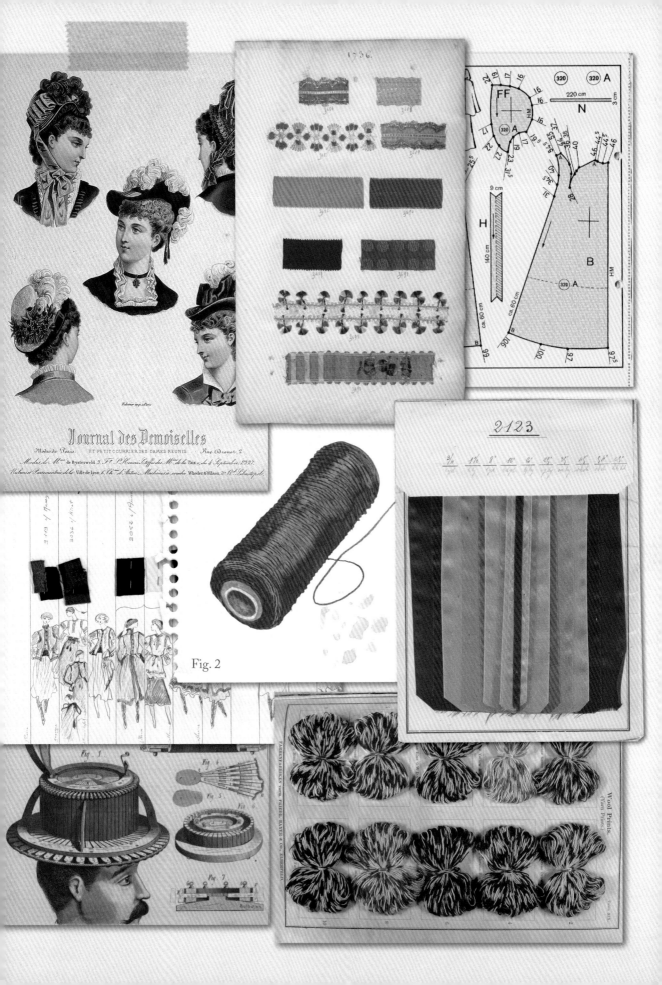

1756.

320 A
220 cm
N 3 cm
FF
A
320
H
9 cm
140 cm
B
320 A

Journal des Demoiselles
Modes de Paris ET PETIT COURRIER DES DAMES RÉUNIS Rue Drouot, 2

2123

Fig. 2

Fig. 1
Fig. 6
Fig. 5
Fig. 6
Fig. 7

Wool Prints
(Yarn Prints)

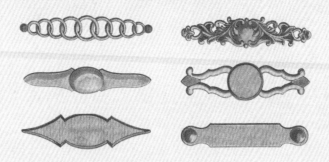

ア・ラ・プロヴィダンス

À LA PROVIDENCE（アンティーク家具用金物屋）
パリ11区フォブール・サン＝タントワーヌ通り151番地

　ひと昔前まで、フォブール・サン＝タントワーヌ界隈は家具職人の街でした。1830年創業のこのアンティーク家具用の金物屋のオーナー、ニコラ・バルバトは「『フォブール・サン＝タントワーヌの心』は今でも私の中に宿っているんですよ」と晴れやかな表情を見せます。かつてはこの地区のあちこちに工房を構えていた指物師、大工、箔置き師、彫刻師、ブロンズ職人、研磨師。ア・ラ・プロヴィダンスは、かつての職人技を今に伝える店です。ニコラ・バルバトが店を引き継いだとき、内装はそのまま残すことに決めていました。木のカウンター、棚でおおわれた壁、ガラス仕切りのあるレジ、先代オーナーの名前がエナメル塗料で書かれた入り口のドア。20世紀初めの雰囲気をそのままにするため、バルバトがしたのは、棚と倉庫にあった幾千の商品を出して、磨き、並べなおし、どこに何があるかわかるように整理しなおしただけでした。特別な注文が入ると、カタログの出番です。カタログには、すべての商品が載っていて、部品ごとに丁寧な手描きのデッサンが描かれています。

　ルイ13世時代から1930年代まで作られていたブロンズの装飾、階段の手すりの親柱の上に取りつけるカット水晶製の装飾、玉虫色に輝く貝を使った螺鈿や象牙の代替品のマンモスの牙で細工を施した鍵穴装飾プレートなど、この店でしか作れないフランス製の特注品を求めて、世界中から顧客がやってきます。そこまで凝ったものではないもう少しシンプルな錠前やドアまわりの金具、たとえばドアノブや蝶番、ドアストッパー、掛け金、かんぬきなどの他、木材用や金属用それぞれのネジ類も扱っています。

店の内装はかれこれ100年以上もほとんど変わらない。
古いストーブはもう使われていないが、
木製の古い戸棚には何千という部品が収納されている。

このアンティークコレクター必見の金物屋には、
17世紀の室内装飾の複製から、浮き彫りのあるドアノブ、
アンティークのタンスの鍵穴装飾プレートまでどんなものでも揃う。

QUINCAILLERIE LECLERCQ
À LA PROVIDENCE
151 Rue du Faubourg Saint-Antoine, 75011 Paris

RÉF: 001

RÉF: 002

RÉF: 003

RÉF: 004

RÉF: 005

RÉF: 006

RÉF: 007

RÉF: 008

RÉF: 009

POUR LES DIMENSIONS ET LES QUALITÉS DIVERSES DES ARTICLES FIGURANT À CE CATALOGUE CONSULTEZ LE TARIF CI-JOINT.

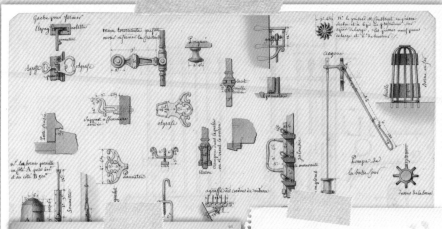

A LA PROVIDENCE

QUINCAILLERIE LECLERCQ

S.A.R.L. CAPITAL 15.245 €

151, FAUBOURG SAINT-ANTOINE 75011 PARIS

Fig. 1

DAS EMPIRE-ORNAMENT

TRAITÉ PRATIQUE

DE SERRURERIE

CONSTRUCTIONS EN FER
SERRURERIE D'ART

370 figures

E. BARBEROT
ARCHITECTE

PARIS
LIBRAIRIE POLYTECHNIQUE, BAUDRY ET Cⁱᵉ, ÉDITEURS

NOTICE

SERRURERIE

DE PICARDIE

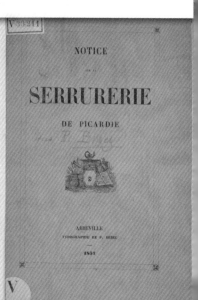

ABBEVILLE
TYPOGRAPHIE DE P. BRIEZ
1857

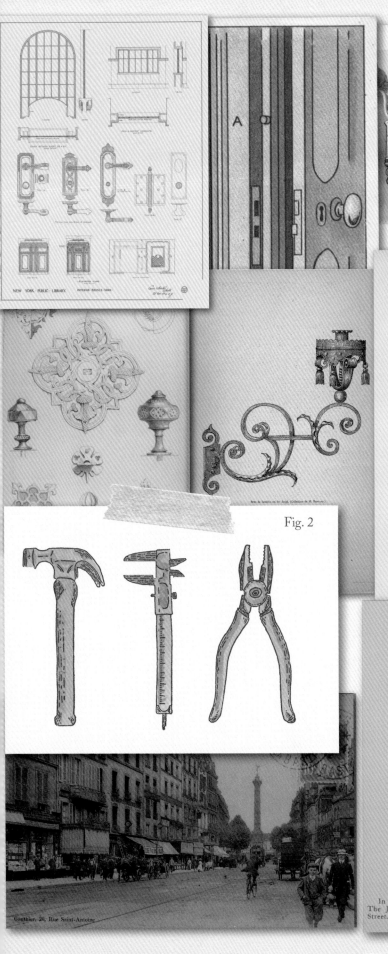

APPLIQUES EN BRONZE

PL. 16

Tafel 6

DAS EMPIRE-ORNAMENT

Fig. 2

KEY TO JERRY'S CELL

In 1851 what is now known as the Jerry Rescue Building was called The Journal Building, and the Police Office was in it, at No. 2 Clinton Street. There Jerry was taken after his recapture.

Gauthier, 26, Rue Saint-Antoine

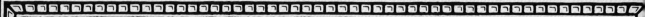

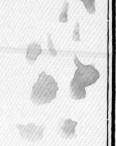

フェオ商会

FÉAU & CIE（アンティーク調装飾パネル店）
パリ17区ロジエ通り9番地

　1875年、パリのテルヌ地区はまだ畑に囲まれた集落でした。実業家のシャルル・フルニエがここに新しく工房を構えることにしたのは、富裕層や名士の多く住む高級住宅街モンソー地区に近かったからです。モンソー地区の住民たちは、フルニエの工房のアンティーク装飾パネルで邸宅を飾りました。

　1953年、現在のオーナー、ギヨーム・フェオの祖父の代にフェオ家がこの工房のオーナーになりました。以来、3世代にわたって、アンティークインテリアを見る目を持つ装飾業者として、一家はせっせとオークションに通い、めったに手に入らない年代物のインテリアをこつこつと集めてきました。今では、17世紀から20世紀にかけてのフランスの装飾美術の全てが、この迷宮のような広いアトリエの至るところに集められています。

　アトリエがあるのは、建築家エッフェルの作品を思わせる、鉄とガラスの大きな丸屋根のある建物です。中に入ると、装飾パネル、ドア、トロンプ・ルイユ（だまし絵）装飾、金箔の施されたレリーフ、天井画、鏡、マントルピース、噴水、石膏装飾、絵画、彫刻など、おびただしい数のアンティークが所狭しと並んでいます。ここはまるでフランス装飾美術の生きた博物館のようです。ヴェルサイユ宮殿の一室を飾っていたともいわれるロココ調の装飾パネルにしても、有名なインテリアデザイナーのアルマン＝アルベール・ラトーが、1920年に、ジャンヌ・ランバン（訳注：ファッションブランド「ランバン」の創始者）の住まいのために設計したヒナギクのレリーフのある柱にしても、そこにあることが信じられないような貴重なものがたくさんあります。

　アンティークに関しては、1990年代に販売事業を縮小し、今では美術館や財団、つきあいの古いコレクターに限って販売を続けています。一方、フェオ商会は一流のインテリアデザイナーに製品を提供し、年に100件もの室内装飾を手がけています。大事に保存されてきたアンティークは、自社の工房で製作する複製品のモデルとなり、世界中の豪邸を飾っています。

ブーツスクレーパー（靴の泥ぬぐい）にもなるこの見事な噴水は、
19世紀後半にモンテカルロSBM（モナコのリゾート施設を多数運営する巨大企業）の創始者、
フランソワ・ブランが娘婿のポーランド貴族、プリンス・ラジヴィウに贈ったもの。
彫刻家シャルル・コルディエと動物の彫刻で知られるオーギュスト・カインによる作品。

RÉF: 166

RÉF: 167

RÉF: 168

RÉF: 169

RÉF: 170

RÉF: 171

RÉF: 174

RÉF: 172

Fig. 166. — Assemblage à queue-d'aronde recouverte.

Fig. 167. — Assemblage d'onglet à clef.

Fig. 168. — Assemblage d'onglet à tenon et mortaise.

11. **Assemblage** d'onglet avec clef (**fig. 167**).
12. — d'onglet à tenon et mortaise (**fig. 168**).
13. — à enfourchement simple.
14. — à double enfourchement.
15. — d'un petit bois de croisée.

16. **Assemblage** d'un jet d'eau de croisée.
17. — d'un montant de porte avec panneau et traverse.
18. — d'un montant de porte à grand cadre avec panneau.

La collection de 18 modèles d'assemblage de menuiserie.............. 26 »

Chaque modèle séparément du n° 1 à 14..................... 2 »

— — du n° 15 à 17..................... 2 25

— — du n° 18..................... 3 »

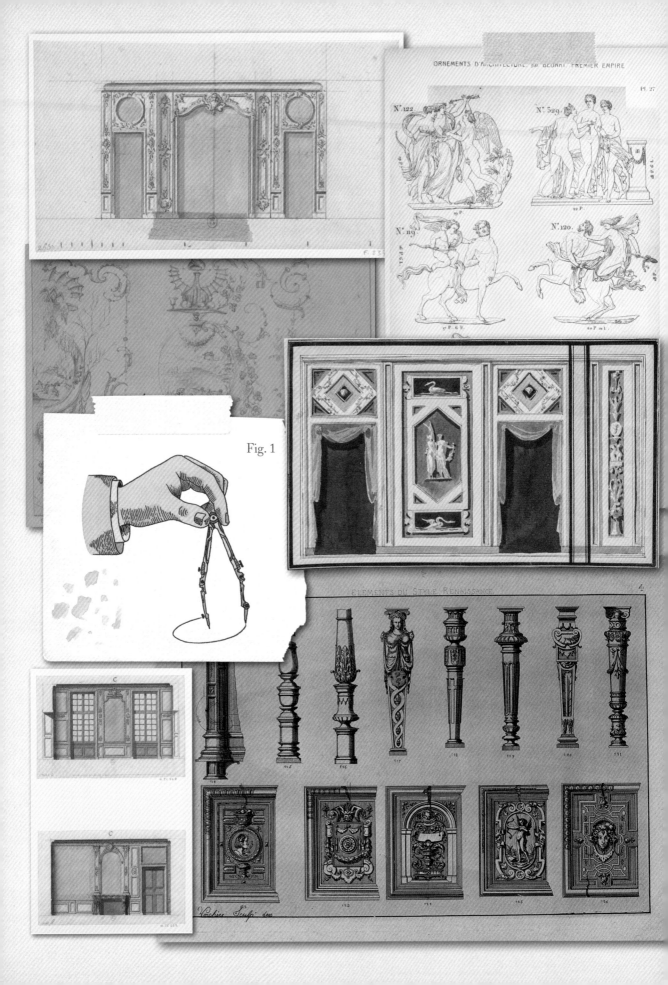

N°. 122.

N°. 329.

N°. 119.

N°. 120.

Fig. 1

ELEMENTS DU STYLE RENAISSANCE

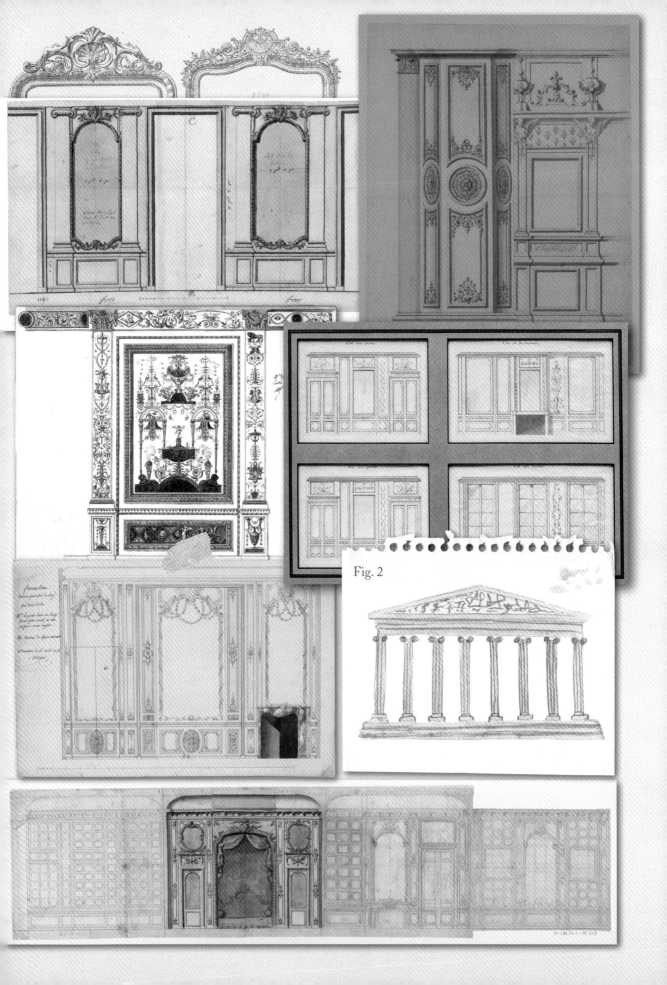

Fig. 2

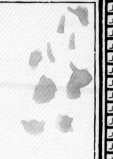

スブリエ

SOUBRIER（アンティーク家具専門店）
パリ 12 区ルイイ通り 14 番地

　かれこれ 200 年以上、同族経営によって受け継がれてきたスブリエ。当初はアンティーク家具のコピーを作っていましたが、その後、実際のアンティーク家具の販売に移行しました。現在のオーナーのルイ・スブリエは、何年もかけて各地のオークションを巡り、アンティーク家具と美しいオブジェを探し求め、それをごく限られた顧客に販売しました。

　ルイ・スブリエがこれまで扱った骨董品の中で、特に忘れがたいのは、ルネサンス期のどっしりとしたブロンズのアクアマニレ（水差し）だそうです。手を洗うための水を入れるこの水差しは、動物の形をしたものが多いのですが、それは非常に珍しく、値段も高いものでした。見つけた当時は手が出なかったのですが、その数年後、制作時期が当初の鑑定結果ほど古くはなかったことがわかったため、値段が下がり、ようやく手に入れることができたそうです。

　ここ最近のスブリエの業務は、アンティーク家具のレンタルです。業界人専用のこの店には、映画や演劇やテレビの美術監督、装飾責任者、小道具係たちが足を運びます。

　建物に入って玄関ホールを抜けると、そこは中庭で、中庭に面した入り口の大理石のスフィンクスが店の目印です。店の中には、1900 年製のエレベーターがあり、1 階から 3 階までゆったりと上り下りします。エレベーターの内装パネルは当時のものがそのまま使われています。3000 平米以上のスペースには、カテゴリーごとに貴重なコレクションが並んでいます。エリゼ宮（訳注：18 世紀に貴族の邸宅として建設され、現在は大統領官邸として使用されている宮殿）にあったというナポレオン 3 世様式の執務机、動物の角をあしらったバロック様式の大型鏡、銅製のダイビングヘルメットなど、展示されているものは全てレンタルすることができます。レンタルで一番人気が高いのは、意外にも 1920 年代のシュヴァルミラー（姿見）だそうです。これだけのアンティークの家具、絵画、オブジェのコレクションは、まるでちょっとした博物館のようです。ホコリと磨かれた家具と古い書物の匂いが入りまじったここの空気は、田舎のお屋敷の屋根裏部屋を思わせ、どこかなつかしい気持になります。

№154

家具

1725 年頃に作られ始めたベルジェールは、
優雅な曲線が特徴の肘掛け椅子。
布張りの背もたれに、パッド入りのアームレスト、
柔らかいシートクッションは、
くつろぎの時間を約束する。

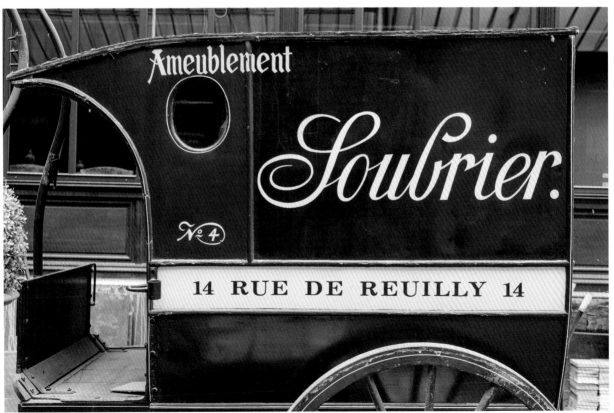

AMEUBLEMENT
SOUBRIER
14, RUE DE REUILLY
PARIS

RÉF: 001

RÉF: 002

RÉF: 003

RÉF: 004

RÉF: 005

RÉF: 006

Modèle N° 55	avec 9 tiroirs pour dessins de	0.65 × 0.50	....	165 – »
Modèle N° 58	— —	0.85 × 0.65	....	280 »
Modèle N° 61	— —	1.14 × 0.80	....	355 »

DRAWING·ROOM·COMMODE.

FOLIO BOOKS.   SMALL BOOKS.   QUARTO BOOKS.

PLAN.

AMEUBLEMENT

SOUBRIER
14, rue de Reuilly
PARIS

SOUBRIER

14, RUE DE REUILLY – PARIS
49, COURS CLEMENCEAU – BORDEAUX

MEUBLES – DÉCORATION
ANCIEN – MODERNE

EXPOSITION DE PLUS DE 100 PIÈCES INSTALLÉES

(Les photographies présentées ci-dessus ont été prises dans nos magasins)

Le Gérant : Ed. Rouvok.   Imprimé en France.   Imp. GEORGES LANG, 11-15, rue Curial, Paris.

MUSIC STOOLS.

N° LXXV

Fig. 1

MOBILIER
DÉCORATION

REVUE MENSUELLE
DES
ARTS DÉCORATIFS
APPLIQUÉS
ET DE
L'ARCHITECTURE
MODERNE

1939
2

ÉDITIONS EDMOND HONORÉ
76, AVENUE DE SUFFREN — PARIS (XVᵉ)

Février   19ᵉ ANNÉE   France : Prix 12 fr.

ELÉVATIONS DE PLUSIEURS SIEGES M...

Europa Vol. III.

Suppellettili &c.

Fig. 2

AMEUBLEMENT

SOUBRIER

14, Rue de Reuilly, Paris.

ONYX DORÉ *Algérie* — ONYX SIDI BRANIM *Algérie* — ONYX BLANC *Algérie* — ONYX NUAGÉ *Algérie* — ONYX DORÉ

ONYX ROSÉ *Tunisie* — ONYX AMBRE *Algérie* — JAUNE CLAIR *Algérie* — JAUNE FONCÉ *Algérie* — JAUNE de NUMIDIE *Algérie*

ROSÉ de NUMIDIE *Algérie* — MARBRE de SAFRO *Algérie* — BRÈCHE AFRICAINE *Algérie* — CIPOLIN ROSÉ *Algérie* — BRÈCHE DORÉ

ONYX LACHEMIR *Algérie* — PARMAZZO NUMIDIQUE *Algérie* — SAINT AUGUSTIN *Algérie* — SARRANCOLIN *Alger* — ROUGE AGATE

PARLOUR CHAIRS.

イデム・パリ

IDEM PARIS（石版画・印刷工房）
パリ14区モンパルナス通り49番地

　1881年、印刷技師のウジェーヌ・デュフレノワは、モンパルナス通り49番地にリトグラフ（石版画）工房を建てることにしました。やがて小さな中庭をはさんだ向かい側に2棟目の工房を建て、そのスペースは1400平米もの広さになりました。中庭はガラスの屋根でおおわれています。

　1930年から1970年にかけて、工房は地図の印刷を専門にしていました。1976年、高名な印刷技師のフェルナン・ムルロが工房を引き継ぎました。ムルロは、リトグラフ印刷の名人で、マチス、ピカソ、ミロ、デュビュッフェ、ブラック、シャガール、ジャコメッティ、レジェ、コクトー、カルダーら当時の一流アーティストたちの作品を手がけたことで知られています。工房の石板（訳注：現在のリトグラフはアルミ板が主流）には、ピカソのデッサンの跡とはっきりわかるものも残っており、工房の黄金時代のなごりを伝えています。

　1997年、アートディレクターのパトリス・フォレストが、彼自身の言葉によれば「モンパルナスの港に繋がれた巨大な船」を引き継ぎました。フォレストは、ミケル・バルセロ、ジェラール・ガルースト、ジャン＝ミシェル・アルベロラら現代美術を代表するアーティストたちのプロデュースも手がけています 。彼はこの歴史ある工房の何ひとつ変えず、1880年代の創業当時の様子をただそのまま残しました。天井を見上げると、スチームエンジンで作動するベルトと滑車が見えます。ヴォワラン社とマリノニ社のプレス式印刷機は今でも現役です。ここは伝説の工房ですが、新たな挑戦も続けています。

　工房の独特の美しさと雰囲気、長年活躍を続ける印刷機の迫力に魅せられた若手の印刷技師たちとJR（訳注：人々のポートレート写真を撮影し、大きく引き伸ばしたものをテーマに沿って街中に貼り出していくストリートアーティスト）のようなアーティストたちが、これから先も工房を引っ張っていくはずです。アメリカの映画監督、デイヴィッド・リンチはここの一番大きな印刷機を、メルヴィルの小説『白鯨』の巨大な鯨にちなんで、モビー・ディックと呼んでいます。どっしりとした印刷機と、多くのアーティストたちの手を経てきた石板の風情にすっかり夢中になったリンチは、パリに来るとたいていここに立ち寄るそうです。リンチは、自身が監督し、モニカ・ベルッチも出演する『ツイン・ピークス　The Return』のエピソードにもイデム・パリを登場させている他、この工房を舞台にしたモノクロの短編ドキュメンタリー映画も撮っています。

Menton

festival de Musique de Chambre

18 NOVEMBRE - 24 DECEMBRE 1975

Cathelin

GALERIE DE PARIS
14 Place François Ier   Peintures

GALERIE YOSHII
8 Avenue Matignon   Aquarelles

GALERIE GUIOT
18 Avenue Matignon   Lithographies
Tapisseries

Bernard Buffet

VAN
NOUVEAUX
EMART

Musée National
Message Biblique
Marc Chagall

Nice

PLACE
DU
CONCORDE

roger bezombes

France -EUROPE

GH
EAUX

VRIL-MAI 1960
AMEDI DE 10 H 30 A 23 HEURES

ANDRÉ BRASILIER

GALERIE DES CHAUDRONNIERS
10-12, RUE DES CHAUDRONNIERS · GENÈVE · 9 JUIN - 31 AOÛT 1981

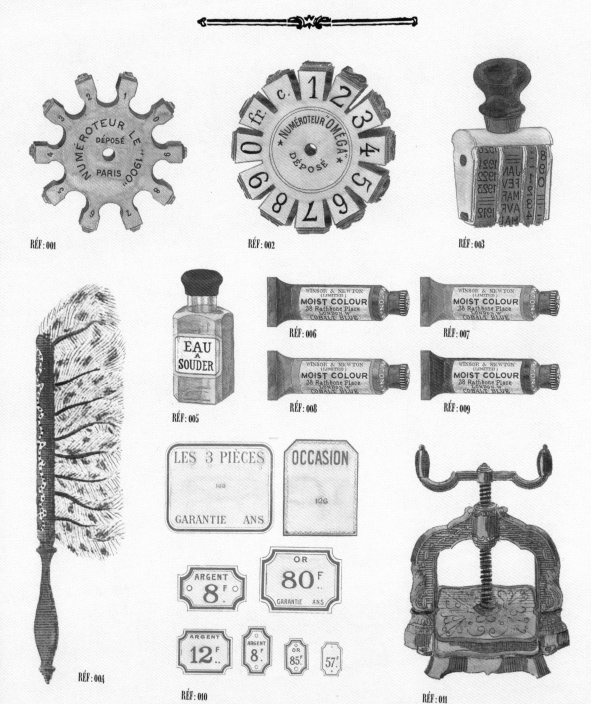

IMPRIMEUR - LITHOGRAPHE
IDEM
ANCIEN ÉTABLISSᵀ MOURLOT

RÉF: 001

RÉF: 002

RÉF: 003

RÉF: 004

RÉF: 005

RÉF: 006

RÉF: 007

RÉF: 008

RÉF: 009

RÉF: 010

RÉF: 011

49 RUE DU MONTPARNASSE, PARIS XIVᴱ

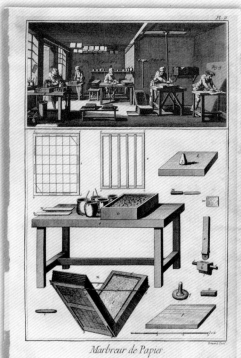

Marbreur de Papier.

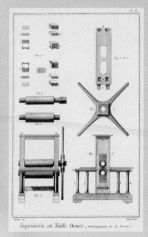

Imprimerie en Taille Douce, développement de la Presse.

Le Testament d'Orphée

Jean Cocteau

Bonne Chance à ~Fernand

Le 18 rue de Chabrol c'est une usine d'aristocrates c'est le royaume de l'artisanat - c'est l'ordre du désordre c'est la France de Balzac ~ c'est ce qu'on tremble de voir disparaître
Jean Cocteau * 1960

Fig. 1

MARINONI VOIRIN   PARIS

F.L.-53

יובל לסדנת מורלו, פאריס
תערוכת הדפסי-אבן של אמני מופת אירופיים במאה העשרים

L'ATELIER MOURLOT DE PARIS
lithographies des grands maîtres de l'art moderne

HOMMAGE A FERNAND MOURLOT

FERNAND MOURLOT

CHAGALL
LITHOGRAPH

1957-1962

VERLAG ANDRÉ SAURET
MONTE CARLO

HOMMAGE A FERNAND MOURLOT

セヌリエ

SENNELIER（画材屋）
パリ7区ヴォルテール河岸通り3番地

　画材屋にとって、これほどうってつけの場所が他にあるでしょうか？　セヌリエはセーヌ川をはさんで、ルーヴル美術館の向かいのヴォルテール河岸にあります。18世紀には絵具商がここに店を構えていましたが、1887年からセヌリエ家がここのオーナーになりました。

　創業者のひ孫にあたるソフィー・セヌリエにも、一家の歴史はしっかり語り継がれています。化学者だったギュスターヴ・セヌリエは、画家たちのために油絵具や水彩絵具、パステルなどの画材を作り始めました。粉砕機（ふんさいき）が発明されるまでは、顔料を乳鉢を使って砕いていたそうです。

　セザンヌのたっての頼みで、セヌリエは色の種類を増やしました。ドガもこの店の常連で、有名なパステル画にはこの店のソフトパステルが使われています。続いて、ピカソ、抽象画家のソニア＆ロベール・ドローネー夫妻やニコラ・ド・スタールがセヌリエの常連となりました。最近では、現代を代表するアーティストの一人であるデイヴィッド・ホックニーがよく来店するそうです。

　店構えは19世紀から変わっていません。古いカウンター、ガラス扉のケースやオーク材の棚がひしめくようにして並ぶ店内は、まるで宝の洞窟のような雰囲気です。油絵具、特製「蜂蜜入り」水彩絵具、何百色ものハードパステルにソフトパステル、ガッシュ、アクリル絵具、カラーインクの並ぶ横には、鉛筆や大小様々の絵筆、ノートやスケッチブックの山——全部で3万5千点以上の画材が所狭しと並んでいます。2階は紙の売り場になっていて、綿やサイザル麻、竹、パピルスなど様々な素材の紙があります。フランス製のものもありますが、中国やメキシコ、タイ、インド、エジプト、韓国、ネパールなど国外から輸入されたものもあります。きめの細かいものから荒いものまで種類は豊富で、ワラやコケ、米、螺鈿（らでん）、サンゴなどがすき込まれたり、吹きつけられているものもあれば、ベトナム産の薄く光る「ムーンペーパー」（訳注：桑の木から作った紙を天然顔料で染めたもの）もあります。

　店に並ぶ画材を見ていると、絵心が湧いてきます。スケッチブックと水彩絵具のセットさえあれば、絵は誰でも始められます。

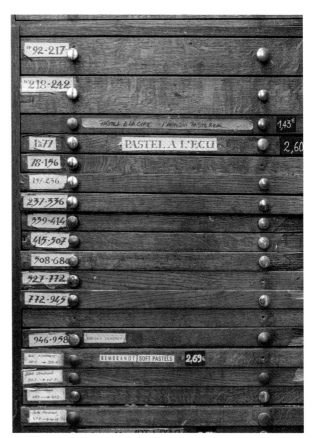

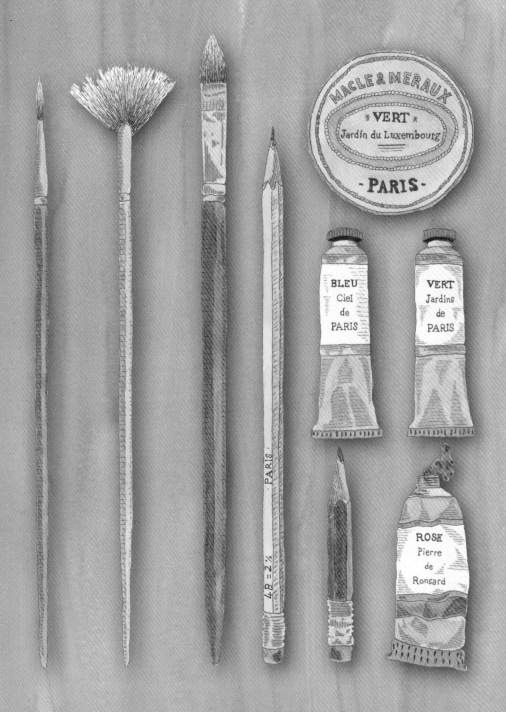

画材

1841 年、アメリカ人の画家ジョン・ゴッフェ・ランドが
柔らかい錫製のチューブ入り絵具を発明。
チューブは使いかけでも締めることができるクリップ付きだった。
この発明のおかげで、絵具は、
使うのも持ち運ぶのもずっと便利になった。

207 CENDRE BLEU   006 BLEU PÂLE   003 BLEU CÉRULÉUM   016 GRIS VERT   046 VERT OLIVE

205 VERT MOUSSE   042 VERT CINABRE JAUNE   045 VERT MOYEN   044 VERT ÉMERAUDE   125 PERLE

230 ROSE INDIEN   025 OCRE DE CHAIR   232 FEUILLE MORTE   090 ORANGÉ DE CHINE   092 BRUN DE MADÈRE

094 TITANE BUFF   243 TERRE OMBRIA   093 BRUN SENNELIER CLAIR   036 TERRE DE SIENNE BRULÉE   034 TERRE D'OMBRE BRULÉ

171 OR RICHE   132 PERLE DORÉE   026 OCRE JAUNE   037 TERRE SIENNE NATUR.   035 TERRE D'OMBRE NATUR.

001 BLANC   014 GRIS PÂLE   012 GRIS FONCÉ   096 GRIS DE PAYNE   023 NOIR

009 BLANC   123 BLEU TRANSPARENT   127   133   023 NOIR

PASTEL à L'HUILE GÉANT

13,21 €

ELS A L'HUILE
ELIER"

1,62 €

SENNELIER

3, Quai Voltaire

PARIS

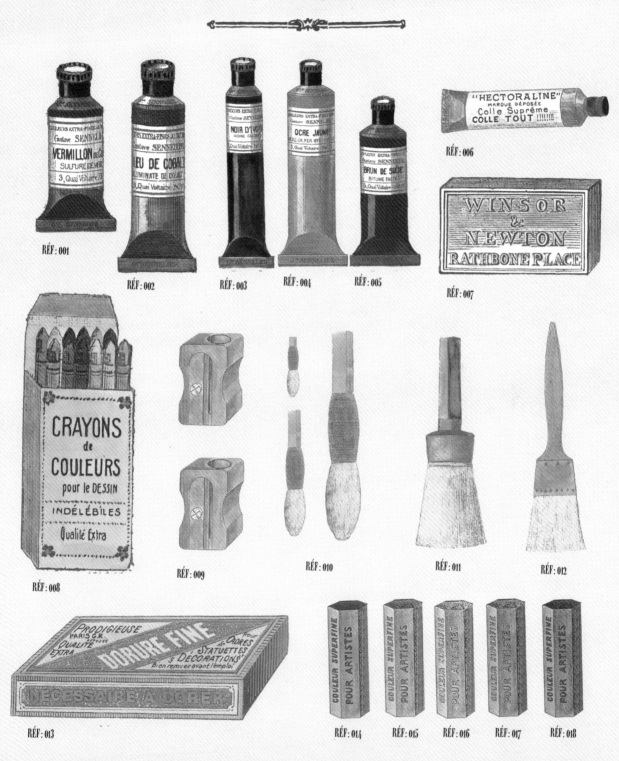

FABRICANT DE COULEURS FINES ET MATÉRIEL POUR ARTISTES.

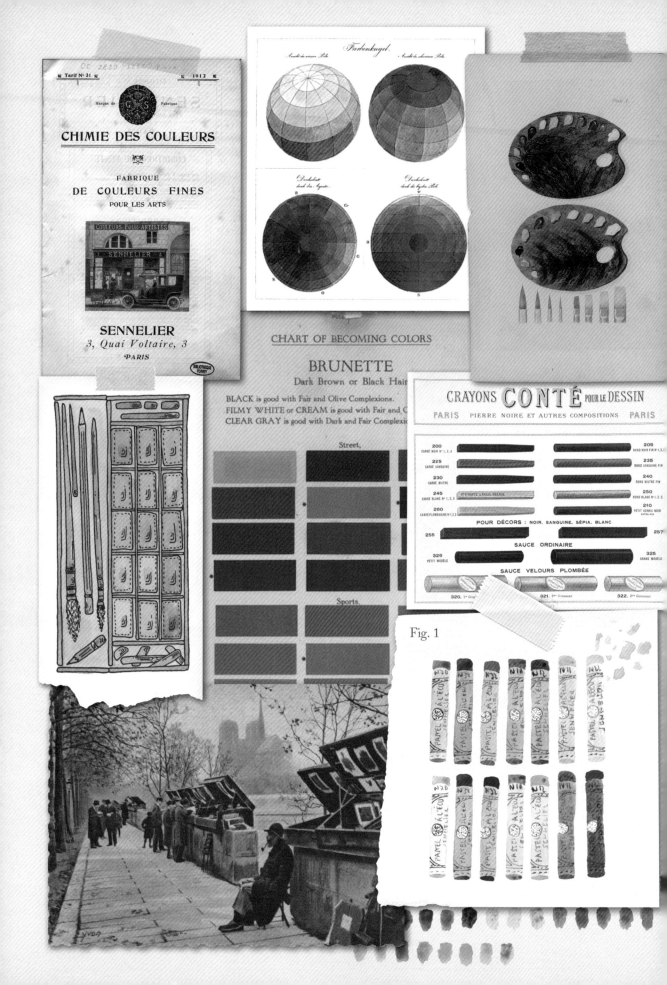

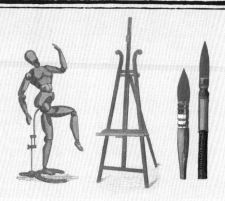

グランド・ショミエール芸術学校

ACADÉMIE DE LA GRANDE CHAUMIÈRE（美術学校）
パリ6区ラ・グランド・ショミエール通り14番地

　モンパルナスの伝説的画塾、グランド・ショミエール芸術学校は、1904年に設立されました。オープンなシステムが特徴で、誰でも好きなときに入学することができます。授業はヌードのデッサンが中心で、教室には簡単な仕切りがあり、モデルが服を脱ぐところは人目に触れないようになっています。画材は、鉛筆、木炭、油絵具、アクリル、水彩など、何を使って描くのも自由です。壁に並ぶ何十点もの絵は、様々なインスピレーションを与えてくれます。

　教室の古い薪ストーブはもう使われていませんが、まるで大きな鋳鉄製の彫刻のように、一種独特の存在感を放っています。教室の隅には大小様々のスツールが積み重ねられ、壁には多くの画家の絵筆の跡が残るイーゼルが立てかけられています。大きな窓から入る光が、古い壁を照らしていますが、壁のあちこちにできたカビの跡は、抽象表現主義を代表する画家、ジャクソン・ポロックの作品のようです。ここの生徒たちからすれば、壁を塗りなおすのは聖地を汚すことになるのでしょう。過去の栄光が残るこの教室の独特の雰囲気を受け継ぐことが、自分たちの使命だと考えているようです。

　あたりを見渡すと、ずっと昔に亡くなったはずの有名な彫刻家や画家がそこにいて、一心に作品を作っている姿が目に浮かぶようです。ブールデルとザッキンは、ここでは彫刻の教師であり、モディリアーニ、シャガール、ジャコメッティ、ルイーズ・ブルジョワ、ミロ、ビュッフェ、レジェ、ザオ・ウーキー、フジタ、カルダーなど数えきれないほどの多くの一流の画家や彫刻家がグランド・ショミエールで学びました。

　リュシアン・ギンスブルグという名前の内気な青年も、画家になりたくてグランド・ショミエールに通いました。やがて音楽の世界で華々しい成功を収め、レジェンドとまで呼ばれるようになるこの青年こそ、若き日のセルジュ・ゲンスブールです。

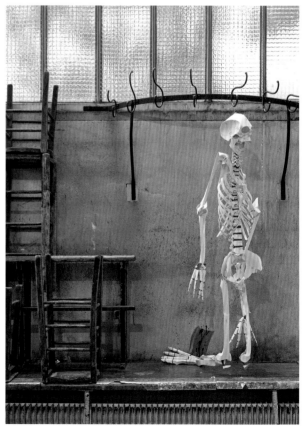

SCULPTURE
Atelier
ROBERT WLERICK

SCULPTURE
Atelier O. ZADKINE

PEINTURE
Atelier Yves BRAYER

PEINTURE
Atelier Pierre JEROME

PEINTURE
Atelier René ARTOZOUL

❁ ACADÉMIE ❁
DE LA
GRANDE CHAUMIÈRE

FONDÉE EN 1904

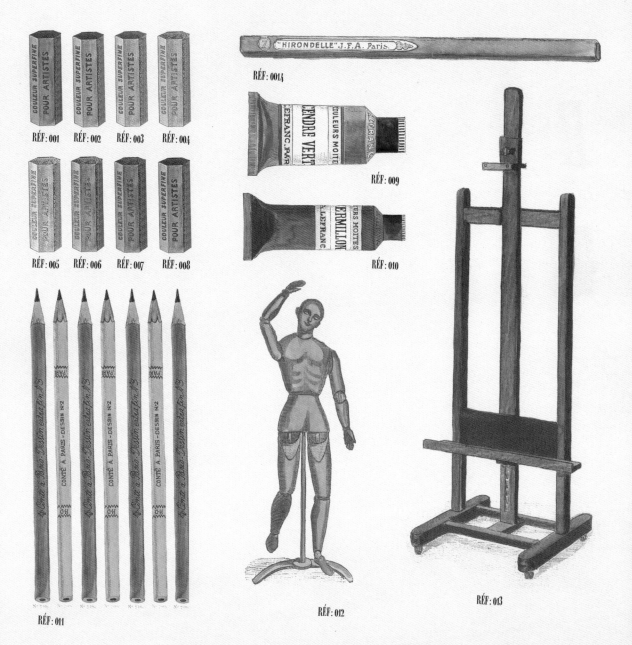

RÉF: 001   RÉF: 002   RÉF: 003   RÉF: 004

RÉF: 005   RÉF: 006   RÉF: 007   RÉF: 008

RÉF: 0014

RÉF: 009

RÉF: 010

RÉF: 011

RÉF: 012

RÉF: 013

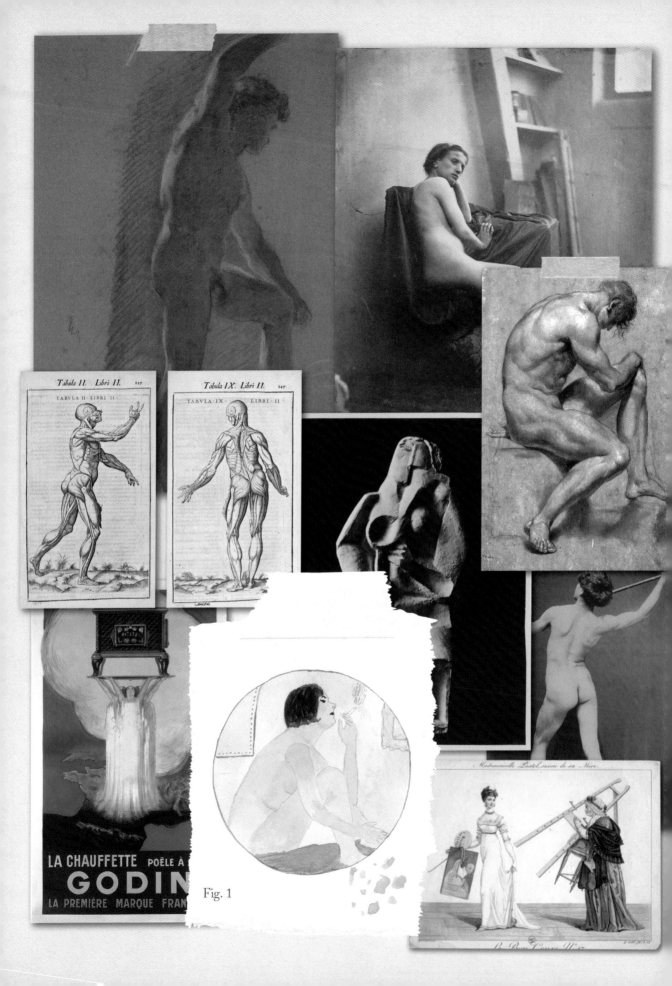

TABVLA II · LIBRI · II

Tabula II. Libri II.   147

TABVLA · IX · LIBRI · II

Tabula IX. Libri II.   147

LA CHAUFFETTE POÊLE À

GODIN

LA PREMIÈRE MARQUE FRAN

Fig. 1

Mademoiselle Pastel, suivie de sa Mère.

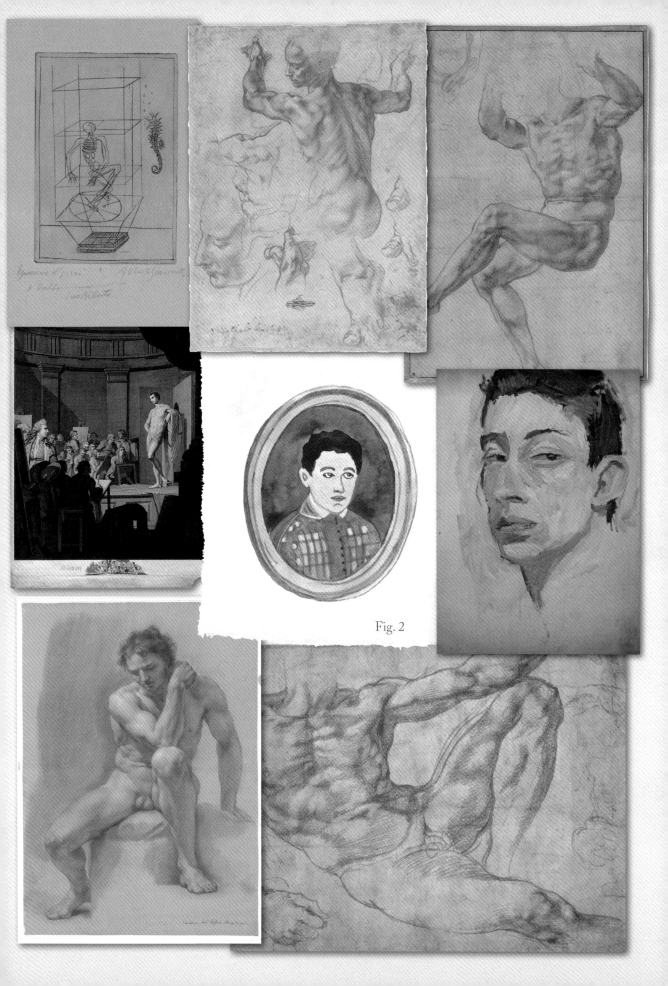

Fig. 2

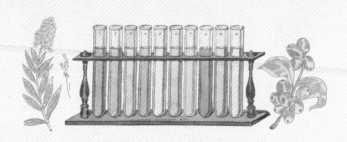

エルボリストリ・
ド・ラ・プラス・クリシー

HERBORISTERIE DE LA PLACE CLICHY（ハーブ専門店）
パリ8区アムステルダム通り87番地

　1880年創業のこの素晴らしいハーブ専門店は、黒地に金抜き文字の昔のままの看板といい、薄いイエローに塗られた外装といい、見るからに古いパリの風情が漂う店です。ただ、これまでずっと店が安泰だったわけではありません。1941年に法律が変わり、薬草専門家の国家資格が廃止されたため、薬用植物や民間療法向け植物の販売が、薬剤師の資格を持つ者にしか認められなくなったのです。幸いなことに、今はまた薬草の販売が認められるようになったおかげで、植物やオリジナルブレンドのハーブティー、煎じ薬などをここで買うことができるようになりました。

　この店の特製ブレンドハーブは、手作業で丁寧にラベルを付けた白い紙袋に詰められ、魅力的なバスケットに入れて陳列されています。使いこまれた木の棚、ガラスや磁器でできた年代物の薬壺、銅製の調剤用天秤が並ぶ店内には、ハーブの香りが立ちこめています。消化不良や循環器系の問題、頭痛、不眠、呼吸器系の疾患など、それぞれの体調に効くハーブがあり、何百という処方が用意されています。二日酔いには、肝臓の働きを助けるハーブティー。肌につやが欲しいときには、皮膚の炎症を抑える小麦胚芽オイルやカレンデュラオイルのようなエッセンシャルオイル。髪の悩みには、シアバターやホホバオイルのような伝統的なトリートメントオイルをすすめてくれます。

　店ではポプリの材料になるドライフラワーやハーブも売っています。ポプリは家のどこに置いても、心地よい香りを楽しめます。乾燥させたダマスクローズのつぼみのかぐわしい香りに、レモンバーベナ、ラベンダー、あるいはミントを混ぜてみるのはどうでしょう。そこに黄色いマリーゴールドと青いヤグルマギクを散らせば色のコントラストが楽しめます。後は、お好みのエッセンシャルオイルを垂らすだけで、オリジナル・ポプリのできあがりです！

植物

ハーブティー、塗り薬、クリーム、軟膏、
エッセンシャルオイルなどを作るのに、
植物の葉、花、根、樹皮、種、全て無駄なく使われる。

87 · HERBORISTERIE

HERBORISTERIE
Depuis 1880
Tisanes . Préparations . Conseils

DEPUIS 1980

HERBORISTERIE DE LA PLACE CLICHY

TISANES PRÉPARATIONS - CONSEILS

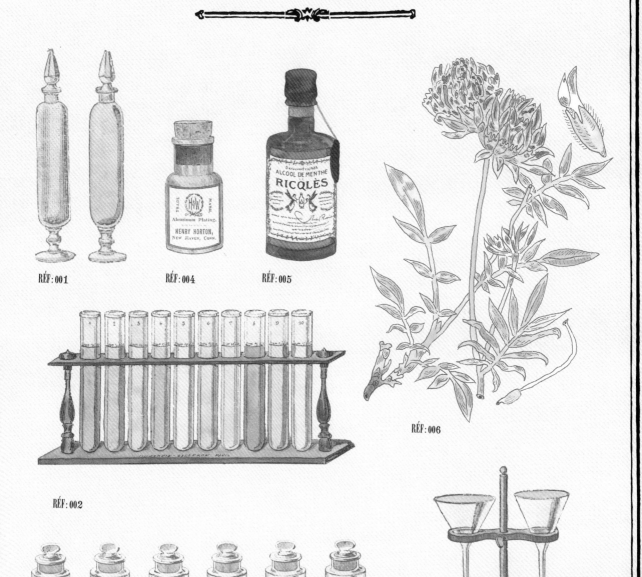

RÉF: 001

RÉF: 004

RÉF: 005

RÉF: 006

RÉF: 002

RÉF: 003

RÉF: 007

AU 87, RUE D'AMSTERDAM
PARIS VIIIE

HERBIER
OU COLLECTION
DES PLANTES MEDICINALES
DE LA CHINE
D'après un Manuscrit peint et unique
qui se trouve dans la Bibliotheque
de l'Empereur de la Chine.
POUR SERVIR DE SUITTE
AUX OISEAUX ENLUMINÉES ET NON ENLUMINÉES
D'HISTOIRE NATURELLE
et à la Collection des Fleurs
qui se cultivent dans les Jardins de la Chine et de l'Europe.
Dirigé par les Soins
de M. Buchoz, Medecin de Monsieur.

A PARIS.
Chez l'Auteur rue de la Harpe vis-à-vis celle de Richelieu-Sorbonne.
1781.

De
WONDEREN GODS
in de
minst-geachte
SCHEPSELEN.

J. C. SEPP excudit.

Diospyros Kaki, suppl. Vom La Papier Cape, le Pei du...

Fig. 1

FORMULAIRE
DE
L'HERBORISTERIE

CONTENANT

Étude générale du végétal au point de vue
thérapeutique — Récolte — Conservation — Mise
en valeur des principes médicaux — Adjuvants et
incompatible...

Par le
D' S.-E. MAURIN

QUASSIA

ANIS VERTS

プロデュイ・ダンタン

PRODUITS D'ANTAN（インテリアメンテナンス用品専門店）
パリ 11 区サン＝ベルナール通り 10 番地

　フォブール・サン＝タントワーヌ界隈には、かつてこのあたりで仕事をしていた労働者や職人たちの記憶をとどめる場所がまだいくつか残っています。100 年近くここで商売を続けている、ちょっと変わったこの店も、間違いなくそんな場所のひとつです。看板には「石工と指物師のための専門品」とあり、その歴史的な使命を感じさせます。店の造りは当時から変わらず、木の棚や引き出しには、プロやマニアックな DIY 好きのための膨大な数の商品が並んでいます。

　2014 年、「やむにやまれず」この店のオーナーになったナタリー・ルフェーヴルは、「木、大理石、革、石、コンクリート、そしてブロンズやスチール、銅や真鍮などの金属。どんな素材でも、補修、修繕、剥離、研磨、バフ研磨（訳注：素材表面を仕上げ加工し鏡面のようにつややかにするための研磨方法の 1 種）など、ツヤ出しできる数千種類の製品を取り揃えています」と胸を張ります。その中には「素材を傷つけずにあらゆるタイプのニスとブロンズの汚れを落とし、光沢を復活させるクリーナー」だという「オー・ジャポネーズ（訳注：日本の水、という意味）」のように、知る人ぞ知る商品もあります。このクリーナーは、1889 年にフランスのメーカーが商品化して以来、この界隈の職人たちに大変重宝されてきたものです。金属を錆から守るのにおすすめなのは「ジェイドオイル」です。「ヘマタイト」や「トルマリン」という名前の商品もありますが、天然石とは全く関係なく、金属を黒や赤胴色、青などの様々な色に加工するために使われる薬剤の商品名です。店で一番の人気商品は「マジョリーヌ」というパリのメーカーが作っているワックスで、あらゆる金属類、水晶、宝石のツヤ出しに使えるものです。レジの後ろには、どんな用途にも応じられる何十種類ものブラシが並んでいます。ブラシの毛は、シルク、メタル、ナイロン、ガチョウの羽根と様々です。

　ナタリー・ルフェーヴルは、これからは家庭でも作ることのできるナチュラルなハウスキーピング用品の材料、特に粉洗剤や石鹸のラインナップを充実させたいと考えています。老舗の挑戦はまだ始まったばかりです。

昔からおなじみの製品

何世代にもわたって使われ続けてきた
メンテナンス用品は、あらゆる素材の汚れ落とし、
ツヤ出し、研磨から保護まで、
比類なき効果を発揮する。

* PRODUITS D'ANTAN *

ENTRETIEN ET RÉNOVATION DES MEUBLES,
OBJETS D'ART ET SOLS

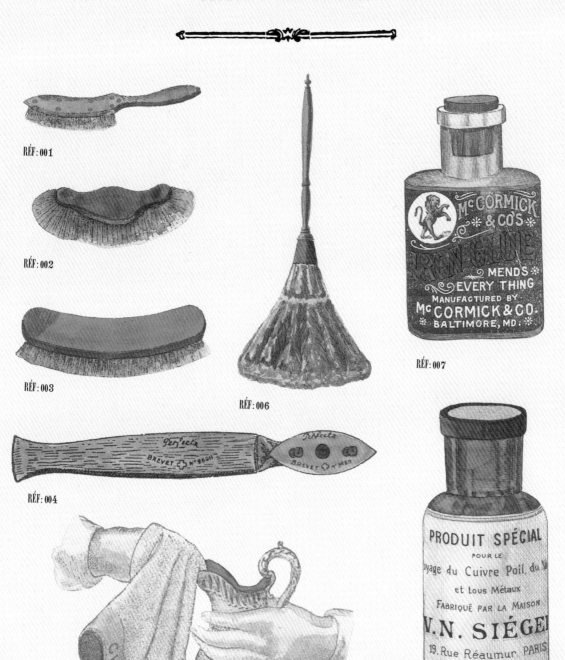

RÉF: 001

RÉF: 002

RÉF: 003

RÉF: 006

RÉF: 007

RÉF: 004

RÉF: 005

RÉF: 008

10, RUE SAINT BERNARD — 75011 PARIS

Fig. 1

Gallaher's Cigarettes

Le beau MÉNUISIER ou encore un Copeau
HISTORIETTE

BRILL'OR
BRILLANT INSTANTANÉ POUR TOUS MÉTAUX
NICK-BRILL. POUR ARGENTERIE, GLACE

pour briller dans la vie...

MENUISIER.

Habit de Menuisier Ebeniste.

Sans effort tout brille !

ENCAUSTIQUE
BIKINI
l'essence de térébenthine

SAVON DE MARSEILLE

Carpenter.

Bricklayer.

Farrier.

Coachman.

Fig. 2

DEMANDEZ
le Savon Pur
"LE SAPIN"

72%

Persil
PRODUIT FRANÇAIS
LAVE TOUT TOUT SEUL

Engraver.

House Painter.

Plumber.

Waggoner.

グレヌトリ・デュ・マルシェ

GRAINETERIE DU MARCHÉ（乾物屋）
パリ 12 区アリーグル広場 8 番地

　アリーグル広場には、何世紀も前から続く、パリで一番規模の大きいマルシェ（市場）があります。建物の中の常設市場と、その脇に続く屋台の青果市場と骨董市には、朝早くから多くの人がやって来ます。白い壁に書かれた「グレヌトリ・デュ・マルシェ（市場の穀物屋）―― ガーデニング用品、タネ、パスタ、米、豆専門店」の文字は遠くからもよく目につきます。このこぢんまりした店は、穀物の専門店としてはパリで一番古く、内装は 50 年前から変わっていません。先代オーナーが 1958 年のパリ見本市で、ペパーミント色のフォーマイカ（訳注：1950 ～ 60 年代に流行したつるつるとしたプラスチック素材）製の特注棚を買った当時、この素材は流行の最先端を行くものでした。

　2004 年、この店のレトロな雰囲気に惚れこんだジョゼ・フェレは、仕事を辞め、ミニ・スーパーに転業しかけていたこの店を救うことにしました。今ではなかなか手に入らない商品を求めて、遠くから来るお客さんもたくさんいます。ミネストローネに入れるうずら豆、カスレ（訳注：フランス南西部の名物料理の豆の煮込み）には欠かせないタルブ産白インゲン豆、ソワッソン産の大きな白インゲン豆、ヴァンデ産の白インゲン豆、黒レンズ豆、ピュイ産緑レンズ豆、インド産赤レンズ豆、乾燥ソラ豆、ヒヨコ豆、ブルターニュ地方やロシアでよく食べられるソバの実（ロシアではカーシャと呼ばれるお粥にして食べます）、カマルグ産から南米スリナム産まで様々な産地の米など、あらゆる乾燥穀物があるのです。豆類はもちろんのこと、レーズンやプルーン、デーツ（ナツメヤシの実）にイチジクなどのドライフルーツやスパイスも、ほとんどがオーガニックで、量り売りされています。

　ガーデニング用品は、袋入りのタネが店の奥の方に置かれています。実は、店の奥はオーナーのジョゼの奥さんのアイデアで、ちょっとした蚤の市のようになっています。店の表には、鉢植えのシトロネラや、香りの良いハーブ、ブドウの苗木、レッドカラントやラズベリーの苗木が並べられ、道ゆく人の目を楽しませています。

GRAINETERIE
DU MARCHÉ

Spécialiste en jardinage et graines

RÉF: 001

RÉF: 002

THÉ VERT

RÉF: 003

RÉF: 005

RÉF: 004

RÉF: 006

RÉF: 007

RÉF: 008

RÉF: 009

RÉF: 010

RÉF: 011

au 8, Place d'Aligre, Paris 12ᵉ

Fig. 2

Fig. 1

LIMONE SICIL.

AMORE

Fig. 3

AGRUMES
AMOUR TOUJOURS

Fig. 4

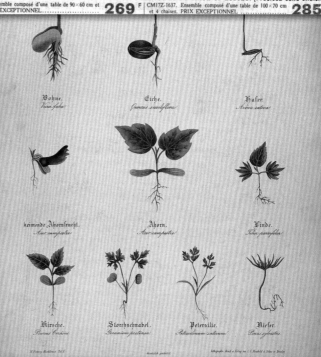

Bohne.
Vicia faba.

Eiche.
Juncus acutiflorus.

Hafer.
Avena sativa.

keimende Ahornfrucht.
Acer campestre.

Ahorn.
Acer campestre.

Linde.
Tilia parvifolia.

Hirsche.
Prunus Cerasus.

Storchschnabel.
Geranium pratense.

Petersilie.
Petroselinum sativum.

Kiefer.
Pinus sylvestris.

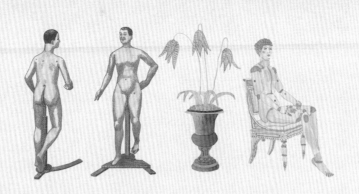

イヴリーヌ・アンティーク

YVELINE ANTIQUES（骨董品屋）
パリ6区フュルステンベルグ通り4番地

　1954年創業のイヴリーヌ・アンティークは、美しいフュルステンベルグ広場に面したドラク
ロワ美術館のすぐ隣にあります。ウインドウに注意深く並べられた、ポーズを取っている奇妙
で動かぬ人形たちの前では行き交うバーゲン目当ての客や観光客が驚いて足を止めたのは
一度や二度ではなかったはずです。長い年月を経て黒ずんだ木製のデッサン用マネキンのか
たわらに、カトリックの宗教行列で使われた聖母や聖人の色白な木彫りの像が、長い間信
仰と希望の重みに耐えてきたような面持ちを浮かべています。

　2013年に、アガト・デュリューは祖母のイヴリーヌ・ルセールからこの店を引き継ぎまし
た。アガトは、子どもの頃、土曜日になると、おとぎ話のお城のようなこの店で、おばあちゃ
んと一緒に過ごしました。クリスタルのシャンデリアやバロック様式の燭台、店のあちこちに
置かれた銀色に輝くアンティークの鏡、穏やかな眼差しでこちらを見つめ今にも語りかけてき
そうな肖像画に囲まれてのひとときは忘れがたいものでした。

　この雰囲気にすっかり魅了されたアガトは、祖母の手ほどきを受けながら、何年もかけて
骨董品屋のイロハを学びました。人の形をしたものが好きというところは、おばあさん譲りで
す。「人に似せたもの、人を描いたものなら、どんなものでも大好きなんです」と言うアガト。
イヴリーヌに似て、デッサン用マネキンが大のお気に入りです。マネキンたちは過ぎ去った時
代や場所の記憶と共鳴し、ミステリアスで時に不穏な雰囲気を漂わせています。

　デッサン用マネキンは、16世紀に作られ始め、最盛期の18世紀には、名匠たちが技術
を競ったといいます。マネキンの手足はフックと紐を巧みに組み合わせてつなげてあるため、
手の先から足の先まで様々なポーズを取ることができるようになっています。その後、デッサ
ン用マネキンは大量生産されるようになりましたが、アガトが収集したこの店のアンティーク・
マネキンは独特の妖しい魅力を放ち続けています。

ギリシャ彫刻

19世紀後半まで、ギリシャの彫像と胸像は
理想の美を表すものとして彫刻家に尊ばれていた。
古代ローマ人が作ったギリシャ彫刻の複製は、
後の全ての芸術家の美の基準となった。

ANTIQUITÉS ET CURIOSITÉS

❧ YVELINE ❧

ANTIQUES

RÉF: 001

RÉF: 002

RÉF: 003

RÉF: 004

RÉF: 005

RÉF: 006

RÉF: 007

RÉF: 007

RÉF: 008

RÉF: 009

4 RUE DE FURSTEMBERG, PARIS VIᴱ

Fig. 1

The Insensible Perspiration

Published as the Act directs, June 10, 1794, by E. Sibly.

HERCULES AND CORONA BOREALIS

Fig. 2

謝辞

—

この本で紹介したお店、工房、
美術館、博物館のオーナーのみなさんの
ひたむきな情熱。
ケイトとジュリーを紹介してくれたイネス。
2人は私が新しい冒険をするたびに支えてくれる、
かけがえのない編集者です。
パリが誇るグラフィック・デザイナーとして
経験豊かなアドバイスをくれたロマン。
私にものの見方を教えてくれた母。
貴重な意見をくれた姉。
どこに行くのにもつきあってくれた
最高のチームメイトのアレクシス。
みなさんに、心からの感謝をこめて。

日本語版スタッフ

翻訳　　　　加藤かん子
翻訳協力　　株式会社トランネット
　　　　　　https://www.trannet.co.jp/
デザイン協力　澁谷明美
編集　　　　アリーチェ・コーミ（ホビージャパン）

Originally published in French by Flammarion as
「Le Paris Merveilleux de Marin Montagut:
Échoppes et ateliers d'antan」
@Flammarion, Paris, 2021
Japanese translation rights arranged with
Flammarion SA, Paris through Tuttle-Mori
Agency, Inc., Tokyo

TIMELESS PARIS
昔ながらのパリの工房と個人商店
2022 年 10 月 4 日　初版発行

著　者　　マラン・モンタギュ
発行人　　松下大介
発行所　　株式会社ホビージャパン
　　　　　〒151-0053 東京都渋谷区代々木 2-15-8
　　　　　電話 03-5354-7403 （編集）
　　　　　電話 03-5304-9112 （営業）
印刷所　　シナノ印刷株式会社

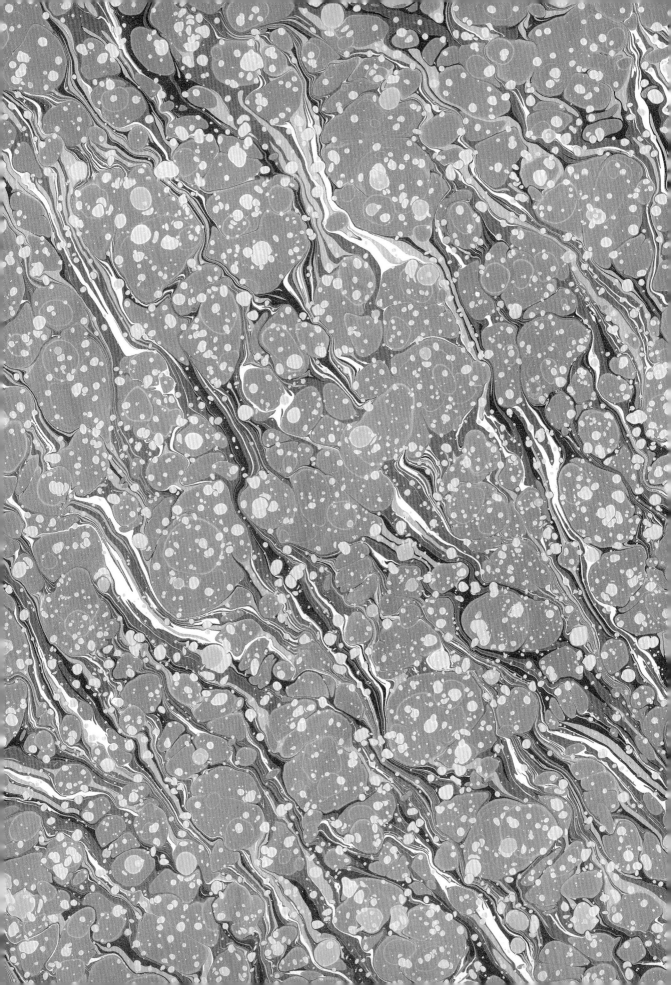